Abnehmen – Der Königsweg

Grüße an Monika,

die einmal ausrief:
„Mensch Dieter, sage mal,
wie machst Du das?!"

* * *

Hier nun meine
ausführliche Antwort.

DIETER PACKHEISER

Abnehmen –
Der Königsweg

10 kg abgenommen –
und ein Leben lang gehalten!

Bibliografische Information der Deutschen Nationalbibliothek.
Die Deutsche Nationalbibliothek verzeichnet diese Publikation
in der Deutschen Nationalbibliografie;
detaillierte bibliografische Daten sind im Internet
über http://dnb.dnb.de abrufbar.

Satz, Umschlaggestaltung, Herstellung und Verlag:
BoD – Books on Demand, Norderstedt

ISBN 978-3-7583-8919-1

Inhalt

Selbsttäuschung, Vernünftig essen, Wunschgewicht   61

Familiensinn, Erfolgreich schlank werden, Verantwortung   89

Zum Start

Liebe Leserin, lieber Leser,

wir haben hier im Städte-Dreieck „Bochum-Witten-Hattingen"
den schönen Kemnader See mit Fernblick auf Burg Blankenstein.
Stellen wir uns vor, wir hätten einen angenehmen Sommertag mit
blauem Himmel und ein paar leichten Wolken, und wir gehen gemütlich um den See und ich erzähle Ihnen wie alles begann, und
wie es sich entwickelte.

Wer lieber an einem anderen schönen Ort verweilen möchte,
macht es sich dort gemütlich. – Also dann!

Als ich heiratete

Als ich heiratete, war ich 24 Jahre alt, rank und schlank, und ich lebte, was das Essen und Trinken betrifft, völlig sorglos dahin.

Es war das Jahr 1961, und auch unsere Freunde verlobten sich und heirateten. So gab es allerlei Anlässe zum fröhlichen Feiern, mit gutem Essen und diversen Getränken.

Auch wenn das Geld knapp war, weil die meisten von uns noch mit Studium oder weiterführender Ausbildung zu tun hatten, so trafen wir uns doch des Öfteren am Wochenende bei dem Einen oder Anderen, wenigstens zu Bockwurst und Kartoffelsalat.

Unsere ersten Wohnungen waren sehr bescheiden, aber nach dem letzten großen Krieg kannten wir es nicht anders. So vergingen einige Jahre - und irgendwie war es eine unbeschwerte Zeit.

Wir wussten nichts von Kalorien und Cholesterin, auch gab es weder Schweinepest noch Vogelgrippe, oder Rinderwahnsinn.

Dafür hießen unsere Getränke aber „Puschkin mit Kirsche" und „Bommy mit Pflaume". - Prost!

Erste Impulse, Erkenntnisse, Sättigungsgefühl

Die ersten zarten Impulse:
Zwei mal Tomate ohne Salz

Es war im Büro, kurz vor der Mittagspause. Und ein Kollege schwärmte im Voraus: „Ich freue mich auf mein Butterbrot, und dazu leckere Tomaten mit etwas Salz." – Dazu ein anderer: „Aber bitte kein Salz. Salz bindet Wasser!" Wir anderen staunten: „Na und!? Was soll das!?" – Und er: „Nun, das ist nicht gut!"

Zwei Wochen später hatten wir zu Hause zwei Paare eingeladen. Als eine der Frauen beim Abendbrot zu den Tomaten griff, reichte ich den Salzstreuer hinüber. „Nein, Danke", sagte sie, „ich nehme kein Salz. Salz bindet Wasser!" Auch hier waren wir anderen überrascht und protestierten. Sie aber blieb dabei: „Nein, das ist nicht gut!"

Danach war es mit meiner Unschuld beim Essen vorbei, das unbeschwerte Genießen wurde schwieriger. Die Gespräche liefen jetzt bei Tisch ganz anders. „Darf ich das Eigelb zurücklassen? Du weißt schon: Cholesterin!" Selbst als ich verzweifelt statt Silberzwiebeln Petersilie anbot, kam irgendetwas Gescheites. „Nein, auf keinen Fall Petersilie! Ich habe gelesen, dass eine neue Studie in Amerika ..."

Hatten mich die Anfänge noch amüsiert, so wurde jetzt aus Spaß Ernst, als bei einem anderen Besuch an unserer reich gedeckten Tafel zwei junge Frauen nur Wasser tranken, weil sie mitten in einer Diät steckten. Sie lobten die herrlichen Speisen, baten aber um Entschuldigung und gleichzeitig um Verständnis.

Dafür aßen meine Frau und ich drei Tage lang die übrig gebliebenen Speisen.

Ich fühlte mich als schlechter Gastgeber, konnte ich doch nicht liefern, was sie eigentlich wünschten. Aber ich hatte wieder dazugelernt: Außer dem sprudelnden Mineralwasser, gab es auch *Stilles Wasser.*

Da lachen ja die Hühner!

Im Frühjahr 1944 flüchtete die Mutter wegen der Fliegeralarme mit uns vier Kindern aus Königsberg nach Masuren, in ihr stilles Heimatdorf am *Kleinen Schobensee*, im Süden von Ostpreußen. Für uns Stadtkinder war das eine schöne neue Welt, mit Hühnern, Enten und Gänsen, mit Pferden, Kühen und Fischen – und sogar mit einem Klapperstorch.

Auf unsere vielen Fragen hatte Großmutter Lina ein paar Mal geantwortet: „Da lachen ja die Hühner!" Und nun waren wir Jungen verunsichert, meine Zwillingsbrüder waren fünf, ich war sechs, und wir beobachteten die Hühner genau: lachen sie nun, oder lachen sie nicht? Möglich könnte es sein, denn wie wir wussten, brachte ja auch der Klapperstorch die Kinder.

Verunsichert war ich auch 25 Jahre später, als ich anfing auf mein Gewicht zu achten. Ist das Zunehmen nun Veranlagung und Vererbung oder nicht? Ist es krank oder normal – oder kommt es vom Essen? Habe ich schwere Knochen? Bin ich ein guter „Futterverwerter" oder ein schlechter? Und was heißt das überhaupt? Wer von beiden ist besser dran?

Da ich auf viele Fragen keine Antwort bekam, stufte ich mich als Normalfall ein und entschied:

- Ich bin gesund,
- Ich habe einen durchschnittlichen Körper,

- Ich reagiere normal:
  Wenn ich mehr esse, nehme ich zu - wenn ich weniger esse, nehme ich ab.

Und meine innere Stimme sagte energisch: „So, dann richte dich danach und stell dich entsprechend darauf ein!"

Übrigens: Der große Schauspieler Gert Fröbe war in dem Nachkriegsfilm „Berliner Ballade" von 1948 in seiner Rolle als „Otto Normalverbraucher" sehr rank und *viel* zu schlank, und ein paar Jahre später nach dem Wirtschaftswunder ein sogenannter „stattlicher Mann" mit einem *viel* zu stattlichen Bauch. Sind seine Gene plötzlich gekippt, oder waren die Futtertöpfe wieder reichlich gefüllt?

Begeisterung und Disziplin

Die Begeisterung für eine Sache ist am Anfang immer groß. Hier aber geht es um den dauerhaften Weg – und der kann ganz schön anstrengend sein. Da ist es gut, in einem einfühlsamen Partnergespräch immer wieder einen Silberstreif am Horizont zu sehen.

Jeder soll nach seinen Wünschen glücklich werden, zumindest, solange er seinen anderen „Mitspielern" nicht auf die Nerven geht. Das gilt auch für die Figur. Ob dick, ob dünn oder schlank – der Mensch wirkt über seine Ausstrahlung.

Männer und Frauen sollten frei sein von dem Zwang zu einer bestimmten Figur. Jeder isst und trinkt sich eigenverantwortlich seine Linie an.

Was mich stört, ist das Jammern und Mosern beim Essen, das Miesmachen von Speisen, das Vorschieben von Umwelt, Veranlagung und Vererbung.

Wer sich seine Wunschfigur erarbeiten will, der findet in diesem „Ideengeber" eine Menge Impulse für seinen Weg. Lassen Sie uns diesen Weg gemeinsam gehen – Schritt für Schritt!

Geteiltes Leid ist halbes Leid, geteilte Freude doppelte Freude.

Ein guter Anfang braucht Begeisterung,
ein gutes Ende Disziplin.

Hansi Flick, Assistenz-Trainer
zum DFB-Motto bei der WM 2014
WAZ 159/2014

Elternwünsche

„Iss viel, damit du groß und stark wirst!"
„Iss doch wenigstens die Wurst!"
„Der Teller wird leer gegessen!"
„Iss doch wenigstens das Fleisch!"
„Kind, du musst etwas essen!"

* * *

„Iss nicht so viel!"
„Mach mehr Sport!"
„Nasch nicht so viel, Kind!"

Dankschreiben an die Eltern

Liebe Eltern,

über so viele Jahre habt Ihr mich gehegt und gepflegt und mir Eure Liebe gegeben. Dafür danke ich Euch ganz herzlich und nehme Euch fest in die Arme. Ich bin nun ein Jugendlicher und fühle mich schon seit längerer Zeit zu pummelig. Ihr selbst habt mir ja schon oft zu mehr Sport geraten.

Ab sofort ändere ich mein Verhalten beim Essen, Trinken und bei der Bewegung. Ich achte darauf, *was* ich esse und trinke – und *wieviel*. Ich werde mir daher beim Mittagessen selber Kartoffeln, Fleisch und Gemüse auf den Teller legen und dabei auf die Mengen achten – ich kann mir ja jederzeit etwas nachnehmen. Ich würde mich freuen, wenn Ihr mich dabei kräftig unterstützen könntet.

Macht Euch bitte keine Sorgen, dass ich nun alles übertreibe und sogar in die Magersucht abrutsche. Nein, ich gehe die Änderungen ruhig und langsam an, aber geduldig und umsichtig. Auch möchte ich wie bisher gemeinsam in der Familie Frühstück essen und ebenso zu den anderen festgelegten Zeiten beim Essen dabei sein. So können wir miteinander reden und alles besprechen.

Ich werde beim Essen, Trinken und Bewegen an vielen kleinen Stellschrauben drehen und mir eine normale sportliche Figur erarbeiten.

In Liebe
Euer Sohn, Eure Tochter

Mit dem Erwachsenwerden
kam auch das gesunde Leben.

———————————

Jonah Hill (33), Schauspieler
wollte nicht ewig Rollen als Übergewichtiger übernehmen.
WAZ 63/2017

Wie!? – Gibt es neue Konfektionsnummern?

Meine Frau meinte irgendwann, für die tägliche Arbeit müsste ich eine neue Jacke und Hose haben. Also gingen wir in ein großes Textilhaus in der Stadt. Meine Frau nannte dem herbeigeeilten Fachverkäufer die Größe, und ich schlüpfte in die hingehaltene Jacke. Die Ärmel waren wie immer etwas zu lang, aber entscheidend war, vorne spannte der Knopf.

„Nein, das können wir so nicht lassen, das ist zu eng", sagte der Verkäufer und schüttelte den Kopf. „Vielleicht liegt es am Schnitt", äußerte er dann und suchte nach einem anderen Fabrikat. Als das auch nichts brachte, schlug er vor: „Versuchen wir's mal mit 24." Der Fachmann entfernte sich und hantierte an den hinteren Ständern.

Leise fragte ich meine Frau, die auch vom Fach war und sich auskannte: „Sag mal, gibt es neue Konfektionsnummern? Ich hatte doch immer 48." „Nein, die gibt es schon lange. Das sind Zwischengrößen, manche sagen ‚Bauchgrößen'."

„Was?!" Erschrocken schaute ich an mir herunter, suchte meinen Bauch. Und sie ergänzte: „Das ist für Vollschlanke, für Männer mit Bauchansatz."

Der Verkäufer kam mit zwei Teilen zurück. Die Jacke mit der neuen Nummer passte, die entsprechende Hose auch.

Ich aber fühlte mich irgendwie gebügelt, und die mir bekannte innere Stimme drängte wieder einmal energisch: „Junge, du musst was tun!"

Hör auf mit dem vielen Essen;
dann wirst du angenehmer,
billiger und gesünder leben!

———————————

Xenophon (430 – 354 v. Chr.),
griechischer Schriftsteller
WAZ 162/2015

Wie hätten Sie's denn gern?

Welche Figur ist richtig? Wann bin ich zu dick, wann bin ich zu dünn?

In meinem Fall schien die Antwort klar zu sein. Bei einer Größe von 1,68 m war ich mit 73 kg zu dick und mit 63 kg zu dünn. – Wie ich darauf komme?

Es war ein warmer Tag, und die Zeit der Großraumbüros. Mein Bruder arbeitete im gleichen Unternehmen, zwei Etagen höher. Ich hatte in seiner Abteilung zu tun, und als meine Sache erledigt war, machte ich an seinem Schreibtisch halt für ein kurzes „Hallo". Nach ein paar freundlichen Sätzen sagte ich „Bis dann" und verließ den offenen Saal.

Mein Bruder war aufgestanden und schaute mir hinterher. Nach ein paar Metern drehte ich mich um und sah überrascht, wie er mit prall aufgeblasenen Wangen dastand und mit gespreizten und gewölbten Händen bedeutsam auf seine Hüften „tippte". Das hieß für mich nichts anderes als: Ganz schön stramme Pobacken, mein Lieber! Ich machte lachend eine abwehrende Handbewegung und entfernte mich.

Mein aktuelles Gewicht betrug 73 kg. Und in meinem Innern tönte es wieder einmal laut und drängend: „Junge, du musst ´was tun!"

Sieben Jahre später

Es war Sommer, und ein unangenehm heißer Tag um die Mittagszeit – die Sonne brannte vom Himmel. Ausgerechnet heute trugen wir schwarze Anzüge mit weißem Hemd und schwarzer Krawatte. Mein Bruder und ich waren auf einer Beerdigung.

Wir befanden uns auf der Rückseite der Trauerhalle und standen allein am offenen Sarg des Verstorbenen. Nach unserem stillen Abschied gingen wir auf einem schmalen Plattenweg hintereinander einen längeren Weg zurück.

Ich hatte mein Jackett ausgezogen und über den Arm gelegt. Da hörte ich hinter mir: „Sag mal, hast du eigentlich keinen Hintern in der Hose!?" Und dieses Mal war ich nicht amüsiert, im Gegenteil. Ärgerlich drehte ich im Gehen meinen Kopf halb zur Seite und knurrte: „Wenn du keinen siehst, wird ja wohl keiner drin sein!"

Kurz darauf waren wir bei den anderen Trauergästen.

Mein aktuelles Gewicht betrug 63 kg.

Damit lag mein „richtiges" Gewicht, also Normalgewicht, aus der Sicht meines Bruders, wahrscheinlich in der „goldenen Mitte" – bei 68 kg.

Mit dieser Ansicht bestätigte er die zu der Zeit gängige Gewichtsformel nach **Broca**:

Körpergröße in cm minus 100 =
Normalgewicht (168 – 100 = 68 kg).

———————

Broca, Paul;
französischer Arzt und Anthropologe
(1824-1880)

Es ist nicht genug zu wissen,
man muss es auch anwenden.
Es ist nicht genug zu wollen,
man muss es auch tun.

——————————————

Johann Wolfgang von Goethe

Wie ich das Sättigungsgefühl entdeckte

Vom Sättigungsgefühl hatte ich schon irgendwo gelesen. Aber war das nicht ein bisschen weit weg, zu theoretisch? Was hatte ich im gewöhnlichen Alltag damit zu tun?!

Aber dann kam dieses Gefühl eines Tages in *voller Stärke* bei mir vorbei!

Büroschluss. - Ich kam nach Hause, ging direkt in die Küche und begrüßte meine Frau. „Und, was hast du heute Gutes gekocht?" Meine Frau nannte einen meiner Lieblingseintöpfe. „Oh", sagte ich begeistert, „dann esse ich heute zwei volle Teller!"

Wir saßen am Tisch und der erste Teller wurde bei uns beiden leer. Meine Frau wollte sich schon erheben, um neu aufzufüllen, da schellte das Telefon. Sie ging in den Flur, nahm den Hörer ab - und es war eine ihrer Freundinnen. Meine Frau schloss die Küchentür, um mich nicht zu stören, und ich griff spontan nach links zur Tageszeitung und vertiefte mich darin.

Nach etwa 20 Minuten kam meine Frau zurück in die Küche und fragte: „Hast du dir etwas nachgenommen?" Ich schaute sie aus meiner „Zeitungswelt" heraus ein bisschen verdattert an, bis ich ihre Frage begriff, und kurz überlegte. „Nein", sagte ich, „ich habe gelesen!"

Sie nahm wie selbstverständlich meinen Teller, um noch einmal aufzufüllen. „Halt, für mich nicht!", wehrte ich ab. „Aber du hast doch nur einen gehabt." – „Ja, aber ich bin satt." Da wurde mir bewusst, dass ich nur einen Teller voll gegessen hatte – auch meine Frau brauchte nichts mehr.

„Du", sagte ich, „das ist ja toll, das ist die Wirkung vom **Sättigungsgefühl!** *Da kannst du doch mal sehen, was das für eine Kraft hat!"*

Für mich ist das *die* Erkenntnis:

Iss langsam!
Gib dem Sättigungsgefühl eine Chance!

Allein essen macht schlank

In der Programmzeitschrift HÖRZU, Heft 10/1995, Bereich ME-DIZIN, Thema DIÄTEN las ich folgendes:

Wer in Gesellschaft isst, langt kräftiger zu. Das haben Psychologen der Universität Georgia bewiesen. Ihre Testergebnisse:

- beim Dinner for one nimmt man am wenigsten Kalorien zu sich,

- beim Essen zu zweit sind es schon 28 Prozent mehr Kalorien,

- beim Essen zu viert 41 Prozent mehr,

- sitzen sechs Menschen am Tisch: 76 Prozent drauf.

* * *

Nach dieser Meldung stelle ich mir eine lebhafte Diskussion unter sechs Personen am Tisch vor bei der Frage: Was passiert bei zehn Menschen?!

Zwei englische Gentlemen
beim „Dinner for Two"

Als junger Mann lebte ich sechs Monate in einem kleinen ‚Private Hotel' in Mittelengland. Unter den etwa Dutzend Gästen hatten sich auch zwei pensionierte Offiziere der britischen Marine als Dauergäste einquartiert, um dort ihren ruhigen Lebensabend zu verbringen.

Die beiden älteren Herren hatten ihren reservierten Tisch an einem Fenster, mit Blick ins Grüne. Da jeder für sich wohnte, waren die gemeinsamen Mahlzeiten für sie wohl etwas Besonderes. Die Senioren waren ein Beispiel für gepflegtes, ruhiges Speisen. Sie sprachen leise miteinander, nahmen einen Bissen, legten die Bestecke auf dem Tellerrand ab, kauten langsam, unterhielten sich weiter, und schienen alle Zeit der Welt zu haben.

Auf das *Sättigungsgefühl* brauchte hier keiner zu warten. - Die beiden Männer waren rank und schlank.

Schwimmen macht nicht schlank?

Für mich war die kleine Überschrift in einem Heft der Techniker Krankenkasse eine große Überraschung. Da hieß es in der TK aktuell Nr. 4, Dezember 1987:

Schwimmen macht nicht schlank

Übergewichtigen wird gesagt, sie müssten sich mehr bewegen, wenn sie wieder schlank werden wollen – also Sport treiben. Welche Sportart dafür am günstigsten ist, wurde jetzt in den USA getestet: Drei Gruppen „mäßig übergewichtiger" Frauen (Durchschnittsgewicht 68 kg) mussten täglich eine Stunde lang, entweder

- *flott gehen,*
- *auf dem Standfahrrad fahren oder*
- *schwimmen.*

Die Frauen durften nach Lust und Laune essen, mussten aber ihr Trainingsprogramm genau einhalten. Nach sechs Monaten wurde gewogen:

- *wer nur gegangen war, hatte 10 Prozent des Gewichts verloren,*
- *die Radfahrerinnen hatten 12 Prozent abgenommen, doch*
- *die Schwimmerinnen hatten 3 Prozent zugenommen.*

Die Erklärung der amerikanischen Mediziner: Obwohl die aufgewandte Energie bei allen Frauen etwa gleich gewesen sei, hätten die

Schwimmerinnen zugelegt, weil die Bewegung im kalten Wasser und der damit verbundene Wärmeverlust den Appetit angeregt hätten. Wer schwimmt, um abzunehmen, müht sich also vergebens.

Für die, die das nicht recht glauben können: Wer weiß, vielleicht gibt es auch eine Studie, die andere Werte ermittelt hat.

Nie aufgeben, und die Welt positiv sehen.
Grämen bringt nichts.

Mathilde Mange ist mit 111 Jahren
eine der ältesten Frauen der Welt.
WAZ 298/2017

Aussagen von Experten, Erfahrungen, Esskultur

Aussagen von Experten

Udo Pollmer
- Lebensmittelchemiker,
- hält wenigstens 80 % der Aussagen von Studien für falsch,
- für jede Studie gibt es eine Gegenstudie. WAZ, 7.8.2015

Uwe Knop
- Ernährungswissenschaftler,
- *„Man weiß sicher, dass Ernährungsstudien in etwa die gleichen Erkenntnisse liefern wie das Lesen einer Glaskugel."* WAZ, 7.8.2015

Die DGE (Deutsche Gesellschaft für Ernährung) gibt nach neuen Erkenntnissen aktuelle Ratschläge heraus.

* * *

Extreme machen krank:
Extrem dick! – *Extrem dünn!*

Gewichte zur Auswahl

Normalgewicht   • BMI 18,5 - 24,9
Übergewicht   • BMI 25 - 29,9
Starkes Übergewicht   • BMI 30 und mehr (Adipositas)
Untergewicht   • BMI unter 18,5

Die BMI-Zahlen sind grobe Richtwerte, nach Weltgesundheits-organisation (WHO). Es gibt spezielle Tabellen für Männer und Frauen, auch gestaffelt nach Alter.

Body-Mass-Index (BMI):
Gewicht in kg, geteilt durch Körpergröße in m².
Ein Mann wiegt 85 kg und ist 1,75 m groß.
Rechenbeispiel: 85 : 1,75 : 1,75 = 27,75
Wert über 25 gilt als übergewichtig.

Nachweihnachtsgewicht:
erscheint nach den vielen „fröhlichen" Tagen,
Startgewicht:
ab 1. Januar, beim hochmotivierten Abnehmen,
Realgewicht: welches die Waage gerade anzeigt,
Wunschgewicht: welches man für sich erreichen möchte,
Wohlfühlgewicht: Ansichtssache,
Idealgewicht: Ansichtssache,
Traumgewicht: Ansichtssache,

Schwere Knochen

Wer meint, er habe schwere Knochen, darf sein Normalgewicht leider nur 2-3 kg höher ansetzen als bei mittelschweren, aber nicht, wie es einigen vorschwebt, um 30 kg oder mehr.

* * *

62 Prozent der Männer sind zu dick

Wiesbaden. 62 Prozent aller erwachsenen Männer in Deutschland sind übergewichtig. Das hat das Statistische Bundesamt am Dienstag mitgeteilt. Der Anteil der übergewichtigen Männer ist seit Jahren stabil. Auch bei der letzten Erhebung 2013 waren es 62 Prozent. Der Anteil übergewichtiger Frauen lag 2017 wie auch 2013 bei 43 beziehungsweise 44 Prozent. Der Anteil der Übergewichtigen steigt mit zunehmendem Alter, wie die Statistiker berichteten. dpa

WAZ 253/2018

Ist der Weg das Ziel?

Irgendwann sagte einer der vielen Lehrer: „Der Weg ist das Ziel!"

Diese Aussage berührte mich, aber ich konnte sie nicht akzeptieren. Als jüngerer Mensch dachte ich, das ist doch Unsinn! - Das *Ziel* ist doch das Ziel, damit ich jederzeit weiß, wohin ich will. Wie kann denn da der Weg das Ziel sein!?

Längere Zeit habe ich mit diesem Satz gerungen, klopfte ihn immer wieder von allen Seiten auf seinen Wahrheitsgehalt ab, bis ich begriff, dass das Eine das Andere bedingt - und dann war er endlich meiner. Heute ist diese Aussage für mich *die* Motivation für Geduld und Ausdauer.

Natürlich bleibt das *Ziel* das Ziel!

Aber um dorthin zu gelangen, muss ich gehen: Tag für Tag, Woche für Woche, je nach Ziel vielleicht Jahre.

Ich werde auf meinem Weg auf Hindernisse stoßen - stolpern, hinfallen, resignieren - aufstehen, weitermachen, Erfolg haben - dem Ziel ein gutes Stück näherkommen. Dann vielleicht etwas vom Weg abkommen oder phlegmatisch werden, wieder zurückfinden, mich erneut motivieren - das heißt: *gehen, gehen!*

Der Weg ist das tägliche Geschäft, das dauernde Bemühen – das Ziel aber *leuchtet als ständige Wegmarkierung hell im Hintergrund, als „Licht am Ende des Weges"!*

Ja: „Der Weg ist das Ziel!"

Ein Ziel zu haben
ist die größte Triebkraft
im Leben eines Menschen.

———————

Viktor E. Frankl
Österr. Neurologe u. Psychiater
(1905 – 1997)

Was hat die Krankenkasse mit einem Büfett zu tun?

Antwort: „,Dass man tüchtig zulangen kann!"

Unsere große Schwarzwaldwanderung, 200 km auf dem Westweg, von Pforzheim zum Titisee, ging zu Ende. Und nun war unsere Vierergruppe, zwei Frauen, zwei Männer, von dem kleinen Ort Bärental auf dem Weg nach Lenzkirch. Die munteren Gespräche zu Beginn am Morgen waren versiegt, die Abstände zueinander größer, und jeder hing seinen Gedanken nach.

Kennen Sie auch das Gefühl, wenn einem so richtig etwas bewusst wird? Mit welcher Tiefe und Eindringlichkeit einen das packt!? Mir erging es damals so.

Ich musste an die Krankenkassen-Beiträge denken und an das weit verbreitete Bestreben, bei der Verschreibung von Medikamenten möglichst viel aus der Krankenkasse herauszuholen, nach dem Motto: es dürfen ja drei Medikamente verschrieben werden - jedenfalls damals.

Wenn ich aber sagte, der Arzt verschreibt mir zwei Sachen für die Nase, weil ich eine Erkältung habe, warum soll er mir noch ein Teil für die „Füße" verschreiben, das ist mir peinlich. Dann hieß es womöglich, vielleicht wolltest du schon vor zwei Wochen etwas für die Füße haben, oder ab jetzt - und außerdem machen das ja alle!

Ich fühlte deutlich, dass es sich dabei um eine Abhängigkeit handelte, etwas zu verlangen, anstatt sich völlig frei davon zu machen und die Energie in eine ganz andere Richtung zu lenken, nämlich: gesund zu bleiben und so wenig wie möglich Medikamente zu nehmen.

Ähnlich empfinde ich es bei einer Feier oder Veranstaltung mit Büfett. Da hörte ich ein paarmal: „Ich habe teuren Eintritt bezahlt, oder ein *großes* Geschenk abgegeben, da muss es sich auch lohnen!" Und dann wurden die Teller wieder hoch gefüllt, als gäbe es in den nächsten Tagen große Lebensmittelknappheit.

Besser wäre hier die andere Denkrichtung: Das Geld für den Eintritt oder das Geschenk ist weg, so oder so! Ich halte mich aber trotzdem beim Essen zurück, damit ich mich wohl fühle und die Feier insgesamt genießen kann, selbst wenn ich bei dieser leckeren Auswahl ein kleines bisschen mehr esse als üblich.

Aber auf keinen Fall *muss* ich den Preis herausholen! Für mich sind diese Beispiele *mögliche Stellschrauben* im Fühlen, Denken und Handeln und führen zu Verhaltensänderung, und damit auch zum Abnehmen oder Gewicht halten.

Kleine Tabelle mit Kalorien

Essen soll Freude machen, und deshalb hatte ich an einem genauen Zählen von Kalorien kein Interesse – das sollte alles mehr von innen heraus aus dem Gefühl kommen. Zu diesem Zweck wollte ich aber wenigstens die grobe Richtung kennen.

So stellte ich mir von den gängigen Speisen, Getränken und Knabbereien zur Übersicht eine kleine Tabelle mit den kcal zusammen, damit ich einmal sehen konnte, „was ich mir so antue" und wo ich mich zurückhalten sollte.

Bei den Zahlen handelt es sich um grobe Richtwerte, weil Brötchen, Brotscheiben und Tortenstücke in Größe und Zutaten variieren – und Bier, Weinbrand und andere „Spaßmacher" haben unterschiedliche Prozente.

Auswahl	Menge	kcal
Brötchen	1	115
Roggenbrot	1 Scheibe	80-120
Toastbrot	1 Scheibe	70
gekochtes Ei	1	80
Buttercremetorte	1 Stück	500
Obstkuchen	1 Stück	190
Kaffee mit Sahne und Zucker	1 Tasse	50
Lebkuchen 20 g	1 Stück	80

Auswahl	Menge	kcal
Tiefkühlpizza (je nach Auflage)	300-360 g	700-900
Currywurst Pommes frites	1	660
Bratwurst	1	430
Apfel, Birne (alle mittelgroß)	1	70
Vollmilchschokolade 100 g	1 Tafel	560
Erdnüsse, geröstet, gesalzen	50 g	315
Kartoffelchips	50 g	270
Fruchtgummi	50 g	163
Cola	0,33 l	139
Apfelsinensaft	0,2 l	100
Apfelsaft	0,2 l	90
Bitter Lemon	0,2 l	94
Sekt	0,2 l	165
Weißwein	0,25 l	180
Rotwein	0,25 l	190
Flasche Bier	0,5 l	230
Sherry medium	5 cl	70
Weinbrand	2 cl	50
Whisky, Kirschwasser u.a.	2 cl	60
Klare Schnäpse	2 cl	50

Umrechnung:
1 Kilokalorie (kcal) entspricht etwa 4,2 Kilojoule (kJ).
(kcal mal 4,2 circa kJ)

Personenwaage: Freund oder Feind?

Einige Leute empfinden die Personenwaage wohl eher als Feind, weil sie nicht richtig mitarbeitet und ständig viel zu hohe Werte anzeigt.

Für mich ist die Waage ein Freund - und zwar ein sehr ehrlicher! Dieser Freund sagt mir die Wahrheit, auf ihn kann ich mich verlassen. Er meckert nicht, kritisiert nicht, sondern zeigt mir einfach mein Gewicht. Und wie ich damit umgehe, ist *meine* Sache.

Täglich wiegen oder einmal pro Woche?

Im Fernsehen hörte ich ein paarmal, wie schwergewichtige Menschen aus voller Brust verkündeten: „Den ‚täglichen Gewichtsterror' mache ich nicht mit. Ich wiege mich nur einmal pro Woche."

Ich hatte mich damals anders entschieden. – Die Waage stand im Bad, und ich wog mich morgens und abends, so regelmäßig wie Zähneputzen. Das hatte einen großen Vorteil:

- Ich sah die Gewichtsunterschiede zwischen Morgen und Abend,
- Ich bekam tägliche Rückmeldung über mein Verhalten,
- Ich erkannte die Auswirkungen, ob ich tagsüber Brötchen und Brot aß, oder am nächsten Tag „reingehauen" hatte beim leckeren Grünkohlessen mit würziger Mettwurst,
- Ich bekam sogar von der Waage manchmal eine „Quittung", zum Beispiel wenn ich auf einer fröhlichen Feier mit Tanz, gutem Essen und Trinken so richtig ausgelassen mitgefeiert hatte,
- Ich empfand die vielen schnellen Signale als lehrreich und hilfreich,

Übrigens: Ich wiege mich immer im gleichen Kostüm, nämlich „barfuß".

Erfahrungen, Beobachtungen, Nachrichten

- Das Körpergewicht kann innerhalb von ein bis zwei Tagen ziemlich stark schwanken, je nach Essen, Trinken und Toilettengang: 1-1,5 kg.

- Beim Essen kommen die Sättigungssignale erst nach 15-20 Minuten an, bis sie bewusst empfangen werden.

- Eine Gewohnheit zu „verlernen", dauert nach Erfahrungen von Therapeuten mehrere Monate. Nach etwa sechs Monaten sei das neue Verhalten recht stabil.

- 9225 Deutsche ließen sich 2014 laut "Barmer Krankenhaus-Report" wegen ihres Übergewichts den Magen operieren.

  ───────
  DER SPIEGEL 26/2017

- Äußerungen von Menschen zu Magenverkleinerung:
  „Ich empfände das als beschämende Kapitulation."
  „Mir wäre, als würde ich mich völlig ausliefern."

- Wenn ich eine wichtige Stütze entferne, verlangt das Sicherheits-System einen Ersatz, egal ob es sich um eine technische Baukonstruktion handelt oder um die Befriedigung für mein *Inneres Kind*.

- Zunehmen erfolgt meist in Kilo, abnehmen in Pfund. In vielen beliebten Zeitschriften „purzeln" die Pfunde in kürzester Zeit.

- Essen – ob dick oder dünn: in Selbsthilfegruppen
  - sich austauschen,
  - Probleme teilen,
  - sich gegenseitig unterstützen, Kraft geben.

- **Essen, Trinken, Rauchen:** Jede Verhaltensänderung braucht Zeit. Einige Jahre dauert es, bis sich das Gesamtverhalten stabilisiert hat.

- Die Ernährung hat sieben Bestandteile:
  - Eiweiß, Fett, Kohlenhydrate,
  - Ballaststoffe, Vitamine,
  - Mineralstoffe und Wasser

Unbewusstes essen
Esskultur

An eine alte kleine Geschichte musste ich denken.

Wir hatten mit der Schulklasse einen Tagesausflug in die nähere Umgebung gemacht: zu der hohen Müngstener Brücke, der höchsten Eisenbahnbrücke Deutschlands. Klein und winzig schauten wir auf zu dieser himmelhohen Stahlkonstruktion, deren riesiger Bogen das Tal der Wupper überspannt, zwischen den Städten Remscheid und Solingen. Wenn da hoch oben in dem Moment ein Zug hinüberfährt, hält man den Atem an vor dieser mutigen Ingenieursleistung.

Zur Mittagszeit bekamen wir zwei Stunden frei zur eigenen Verfügung.

Reiseleiter war unser beliebter Mathematik-Lehrer, der in der Schulstunde hin und wieder zur Entspannung allgemeine Themen ansprach und uns mit gesellschaftlichen Gedanken frühzeitig auf das Leben vorbereiten wollte.

Bei der nächsten Gelegenheit erzählte er von unserem Ausflug – sein Erlebnis mit dem Busfahrer, im Restaurant. Der Lehrer hatte den Fahrer im Namen der Schule zum Mittagessen eingeladen, und dabei hatte er an dessen Essverhalten gelitten.

Und er berichtete: „Als die Bedienung den gut gefüllten Teller vor den Fahrer auf den Tisch stellte, beugte der sich weit dem Teller entgegen und begann wie auf Knopfdruck gedankenlos und gleichmäßig zu schaufeln, mechanisch wie ein Becherwerk, so als sei er maschinell in Betrieb genommen. - Ich habe mich sehr unwohl gefühlt. Ich habe mich für ihn geschämt."

Und nach einer gedanklichen Kunstpause fügte der Lehrer hinzu: „Etwas mehr Haltung und Esskultur, ein wenig mehr Achtung vor den Speisen, sollte man schon haben."

Essen unbeherrscht
Esskultur

Die amerikanische Autorin Taylor Caldwell schreibt an einer Stelle in ihrem Buch „Ist niemand da, der mich hört?":

Nach der Vorschrift sollten Fluggäste, die zur Essenszeit schliefen, durch eine sanfte Berührung geweckt werden. „Ich übernehme das Essen", sagte der Mann, der dem Schlummernden, durch den Tisch getrennt, gegenübersaß. „Der Alte scheint den Schlaf nötiger zu haben."

Die Stewardess reichte ihm das Tablett, und er begann sofort gierig zu schlingen, völlig in seiner Tätigkeit aufgehend, als wäre das seine letzte Mahlzeit auf Erden. Weshalb futterten viele Leute so hastig? Man musste sich für sie schämen. Statt sich das gute Essen schmecken zu lassen und jeden Bissen zu genießen, taten sie, als wären sie halb verhungert, was gewiss nicht zutraf. Der Mann hier war sogar dick und fett; er quoll sozusagen noch aus dem breiten Sessel über.

Quelle: 1980 Lizenzausgabe, Gustav Lübbe Verlag

Man kann einen Menschen nichts lehren,
man kann ihm nur helfen, es in sich selbst zu entdecken.

————————————

Galileo Galilei (1564 – 1642),
italienischer Astronom
WAZ 304/2008

Selbsttäuschung, Vernünftig essen, Wunschgewicht

Selbsttäuschung

Ein „Fläschchen" Bier zum Fernsehabend ist doch nicht schlimm, oder?

Im Allgemeinen nicht, aber das soll jeder für sich selbst entscheiden. Auf jeden Fall sind es etwa 230 kcal pro Flasche, zusätzlich zum Abendessen.

Und erstaunlich, bei einem spannenden Film oder Fußballspiel ist in so einer Flasche ja gar nichts drin. Also, da braucht man doch sicher auch die zweite!

Meine Frau und ich waren bei einem befreundeten Ehepaar eingeladen. Während die beiden Frauen nebenan noch in der Küche hantierten, sprachen wir Männer über dies und das, auch über Fußball.

Irgendwann fragte ich: „Wieviel Bier trinkst du so am Abend?" Mein Freund: „Ein' bis zwei Flaschen." Aus der Küche rief die Frau des Hauses: „Sagen wir mal zwei bis drei – manchmal auch vier!" Mein Freund wehrte sich nur schwach.

Bei vier Flaschen war bestimmt der Samstag gemeint, denn als großer Fußball-Freund verfolgte er intensiv die Erste und Zweite Bundesliga, und besonders leidenschaftlich seinen Heimatverein.

Bei zwei bis drei Flaschen wären das 460 bis 690 kcal.

Zum Vergleich:

Eine 300 Gramm Tiefkühlpizza hat je nach Auflage 700 – 900 kcal.

Beim Essen und der Größe der Portionen, täuschen sich auch etliche Menschen. Da hieß es oft im allgemeinen Gespräch: „Ich esse ganz normal!" Und dann wurde am Büfett beherzt und über-reichlich zugelangt.

Dass ich selbst ein paarmal „reingefallen" bin und zu viel gegessen habe, will ich nicht verschweigen.

Was soll ich tun?

Es gibt viele lehrreiche Bücher über Lebensmittel, Rezepte und Ernährung. Doch bei all dem theoretischen Wissen für oder gegen Etwas, fühlte ich mich am Ende oft mehrfach um die eigene Achse gedreht, wie beim „Blinde Kuh"-Spielen.

„Was soll ich denn nun machen? Wo anfangen – wo aufhören?"

Bei Gesprächen zu diesem Thema kam ich zum Schluss meistens zu folgender Erkenntnis:

- „quer Beet" essen, vielseitig bleiben,
- auf die Mengen achten,
- auch bei Wein und Bier, Cocktails und Süßgetränken,
- langsam essen, Speisen bewusst genießen,
- möglichst in angenehmer Atmosphäre,
- zwischen den Gängen Pausen einlegen,
- unbedingt das **Sättigungsgefühl** wirken lassen.

Ich danke für diese Erkenntnis – ich gehe geduldig meinen Weg!

Vernünftig essen – wie geht das?

- Ich verantworte mein Verhalten,

- Ich esse bewusst,

- Ich wähle das wirksamste Rezept: Ich esse weniger!

- Ich ernähre mich vielseitig, mit „normalem" Essen,

- Ich weiß, was ich tue,

- Ich bestimme, *was* ich esse, *wieviel* ich esse und *wie* ich esse,

- Ich reduziere bei der Nahrung den Anteil an Fett und Zucker,

- Ich trinke vor dem Essen hin und wieder ein Glas Wasser als Magenfüller,

- Ich esse langsam und genieße meine Mahlzeit,

- Ich gebe dem *natürlichen Sättigungsgefühl* eine Chance,

- Ich sehe mich auf dem richtigen Weg mit meinem Essverhalten,

- Ich erkenne, ist der Weg richtig, so helfen auch kleine Schritte,

- Ich erhalte mir die Freude am Essen,

- Ich esse auf besonderen Feiern meistens zu viel,

- Ich nehme das zur Kenntnis, und bedanke mich für die schönen Stunden,

- Ich gleiche das geduldig in den nächsten Tagen aus,

- Ich gönne mir zur Freude ab und zu etwas Gutes – wenig, aber mit *Genuss!*

- Ich fühle mich stimmig – Danke!

In eigener Sache

Freunde von mir vermuteten manchmal, das „Herunterfahren meines Gewichts" sei mir leicht gefallen, etwa: Du hast ja nicht den großen Appetit.

Das war allerdings nicht so - im Gegenteil. Ich hatte es sogar ziemlich schwer, denn auch ich esse gerne, besonders in angenehmer Gesellschaft, und was erschwerend hinzukommt, mir schmeckt fast alles: ob Fleisch oder Fisch, ob Käse, Obst, Gemüse. Es wäre Unsinn weitere Dinge aufzuzählen.

Bei den Getränken ist es genauso: Ich trinke Kaffee, Tee, Milch, Mineralwasser, Bier, Wein, Weinbrand - alles zu seiner Zeit. Und ich genoss mein Essen auch in Gaststätten, Restaurants und Werkskantinen.

Ich schaffte es aber, nach und nach die Mengen zu reduzieren, langsam zu essen, das Essen bewusst zu genießen, und dadurch immer wieder dem so wichtigen **Sättigungsgefühl** eine Chance zu geben.

Alles in allem fiel es mir schwer, mein Wunschgewicht zu erreichen. Manchmal kam es mir vor wie auf dem Bahnhof: Da mein Gewicht im Anfang stieg und stieg und ich nichts machen konnte, sah ich meinen „Gewichtszug" langsam, aber stetig aus dem Bahnhof rollen, sah bereits die roten Rücklichter - da hatte ich 73 kg.

Dann gelang es mir endlich den Zug anzuhalten und ganz langsam rückwärtszufahren, auf den gewünschten Haltepunkt: 63 kg.

Und, da „steht der Zug" noch heute, nach über *vierzig* Jahren.

Beim Rückwärtsfahren lernte ich als „Lokführer" alle Stellhebel kennen, um mein Wunschgewicht zu halten.

Übrigens: Ich esse immer noch gerne und freue mich schon heute auf die nächste Spargelsaison.

Mein Weg

Ich habe abgenommen

- durch Beobachten nach innen und außen,
- durch Erkenntnisse,
- durch Offensein für alle Lösungen,
- durch verändertes Fühlen, Denken und Handeln,
- durch eigene und fremde Erfahrungen, zum Beispiel: *Iss drei-viertel*, anstelle von F.d.H. („Friss die Hälfte"),
- ganzheitlich,
- ohne Diät,
- langsam, unspektakulär,
- in einem stetigen Entwicklungsprozess.

Das war ein Entwicklungsprozess über fünf Jahre, eine Erkenntnis kam zur anderen. Als ich mein Wunschgewicht erreicht hatte, versuchte ich es einzupendeln und zu stabilisieren. Als mir das über längere Zeit gelang, merkte ich, dass ich mit den Problemen von Essen und Trinken nichts mehr zu tun hatte. Ich war auf einer anderen „Essebene", Verhaltensebene - und ich brauchte auf nichts zu verzichten. Ich konnte alles genießen, hin und wieder auch „Verbotenes", *denn ich brauchte nicht mehr diese Mengen.*

Körper-Seele-Geist bilden eine untrennbare Einheit! - Also kann ich nicht so einfach allein mit dem Körper abnehmen. Geist und Seele „reden ein entscheidendes Wörtchen" mit. Sie liefern die Basis, die Programme: die Motivation!

Es ist der Geist,
der sich den Körper baut.

———————————

Friedrich von Schiller

1759-1805

Meine ersten Maßnahmen

- Ich fülle mir weniger auf den Teller, ich kann ja nachnehmen,
- Ich esse langsam und genieße bewusst mein Essen,
- Ich esse in ruhiger Atmosphäre – ohne Fernsehen,
- Ich bestimme, *was* ich esse und *wieviel* – nicht meine Gene!
- Ich esse vielseitig – „quer Beet",
- Ich achte besonders auf Obst und Gemüse,
- Ich halte mich zurück bei Bier und süßen Limonaden, wähle lieber Mineralwasser,
- Ich sorge für feste Essenszeiten,
- Ich genieße auch Süßigkeiten, aber nur hin und wieder, und wenig,
- Ich gebe dem **Sättigungsgefühl** immer wieder eine Chance,
- Ich bewege mich so oft ich kann,
- Ich ändere in kleinen Schritten meinen Lebensstil,
- Ich erarbeite mir nach und nach mein Wunschgewicht,
- Ich arbeite an meiner Figur, an meinem äußeren Bild,
- Ich übernehme die volle Verantwortung für mein Leben,
- Ich fühle mich im Einklang mit Körper-Seele-Geist,
- Ich bin ich – und das ist gut so!

Vorübergehende Hilfsmaßnahme:
- Ich putze mir eine halbe Stunde nach dem Abendessen gründlich die Zähne und trinke möglichst Mineralwasser

Idealgewicht: Was ist das?

Das Idealgewicht ist häufig mehr als nur ein ideales Gewicht. Es ist für etliche Menschen ein ersehntes, helles Idealbild am fernen Horizont. Wenn ich *das* erst einmal habe, dann wird endlich alles gut. Dann bin ich jung, schön, schlank, von allen Sorgen befreit – und der Traumpartner ist zum Greifen nah.

Beim Idealgewicht vereinigen sich wohl Wunschgewicht, Wohlfühlgewicht und Traumgewicht zu einem strahlenden „Atomgewicht"! Es bleibt aber trotzdem Ansichtssache, denn es wird auch bei diesem „idealen" Gewicht Leute geben, die etwas zu meckern haben.

Vielleicht stimmen die Proportionen nicht, vielleicht müssten hier und dort ein paar Muskeln sein, sogar „Sixpacks" – oder die Zähne sind nicht in Ordnung. Da hilft einem nichts anderes als immer wieder tief durchzuatmen, und Ruhe und Selbstsicherheit in der eigenen Mitte zu finden.

- Ich entwickle mich positiv,
- Ich achte auf meine Wünsche und Bedürfnisse,
- Ich finde Ruhe und Kraft in meiner Mitte, in der Mitte von Körper-Seele-Geist,
- Ich gehe meinen Weg umsichtig und ganzheitlich,
- Ich fühle mich stimmig. Danke!

*Wenn man seine Ruhe
nicht in sich selbst findet,
ist es zwecklos,
sie anderswo zu suchen.*

François de La Rochefoucould

(1613-1680)

Jo-Jo-Effekt?

Es gibt keinen Jo-Jo-Effekt! Aber falsches Essverhalten!

Was soll der arme Körper denn machen, wenn es nach einer strengen Diät heißt: „Endlich darf ich wieder alles essen!" Er muss ja zunehmen, da er vor der Diät bei dem gewohnten Essverhalten auch stetig zugenommen hat.

Jo-Jo-Effekt, das klingt, als gäbe es da ein böses Gen, gegen das man nichts machen könne. Das klingt auch nach einem Alibi, als könne man jetzt endgültig die Flinte ins Korn werfen und bei dem vertrauten Verhalten bleiben.

Wir machen das ganz anders:

- Ich bin offen für neue Erkenntnisse,
- Ich ändere ab sofort mein Fühlen, Denken und Handeln und erarbeite mir eine dauerhafte Lösung!
- Ich stelle in kleinen Schritten meine Ernährung um,
- Ich ändere auch mein Verhalten beim Essen und Trinken,
- Ich gebe mir die nötige Zeit, und ich habe Geduld,
- Ich danke für diese Erkenntnis.

Der Langsamste,
der sein Ziel nicht aus den Augen verliert,
geht noch immer geschwinder als jener,
der ohne Ziel umherirrt.

Gotthold Ephraim Lessing

Dichter (1729 - 1781)

WAZ 256/2002

Gewicht langsam herunterfahren
Schritt für Schritt zum Wunschgewicht

Wer zwingt mich, schon morgen meine Wunschfigur vorzuzeigen!? Wem will ich imponieren? Die Bewunderung durch meine Freunde würde mir sicher für einen Moment gut tun, aber die dauerhafte Energie muss aus mir selbst kommen, aus meinem Innern, durch neue Erkenntnisse – aus der Mitte von Körper-Seele-Geist.

- Ich führe mich Schritt für Schritt zu meinem Wunschgewicht,
- Ich gehe behutsam vor – von innen heraus, nachhaltig,
- Ich gehe ruhig und ausdauernd meinen Weg,
- Ich weiß, wenn ich radikal vorgehe, breche ich eine sehr starke Stütze weg, für meine tägliche Belohnung und Zufriedenheit,
- Ich mache lieber kleine Schritte, aber ich mache sie,
- Ich bin offen für neue Erkenntnisse,
- Ich nutze die kraftvollen Impulse aus meinem Unterbewusstsein,
- Ich weiß, der Verzicht auf Gewohntes ist immer schmerzlich,
- Ich atme tief durch und halte den Schmerz aus,
- Ich lasse auch mal Fünfe gerade sein,
- Ich nutze das Unbewusste als inneren Antrieb,
- Ich übernehme die volle Verantwortung für mein Verhalten und mein Leben,
- Ich genieße mein Leben – Danke!

Den „inneren Schweinehund" bekämpfen?

Nein, Schluss damit! Der „innere Schweinehund" wird ab sofort *nicht* bekämpft! Im Gegenteil: Er gehört zu mir. Er ist Teil meiner Persönlichkeit. Er ist mein Kind. Das Kind braucht Zärtlichkeit und Liebe, und es mag den vertrauten, behaglichen Zustand. Es will keine anstrengenden, unangenehmen Veränderungen. Ich werde es daher beim Abnehmen an die Hand nehmen.

Der „innere Schweinehund" wird umgewandelt in unser schutzbedürftiges inneres Kind, mit dem wir einvernehmlich und liebevoll die Veränderungen erarbeiten. Das Kind in unserem Unterbewusstsein hat eine machtvolle Stimme – es bestimmt zu einem großen Teil unser Fühlen, Denken und Handeln.

Ganzheitlich mit Körper-Seele-Geist übernehmen wir Selbstverantwortung.

In jüngeren Jahren hatte ich zu Silvester häufig „gute Vorsätze" gefasst und dabei mein „inneres Ich" irgendwie geknebelt und nach unten gedrückt, als ich mit dem Rauchen aufhören wollte, oder schlank werden, oder endlich dauerhaft Sport machen wollte.

Erst als ich die großen Silvester-Vorgaben nicht mehr halten konnte, weil mein Leidensdruck immer stärker wurde, tauchte auch mein „inneres Ich" wieder auf, bekam endlich Luft und lächelte mich erleichtert und ein wenig schuldbewusst an. – Und ich nannte es verärgert „Schweinehund"!

Mein Kindheits-Ich schrie „Ich will leben!", mein Eltern-Ich schrie „Reiß dich zusammen und halte deine Vorsätze!", und ich mit meinem sensiblen Erwachsenen-Ich hing gequält dazwischen und fühlte mich schlecht.

Der innere Kritiker, Differenz zwischen negativem Selbstbild und hohem Idealbild, machte mir böse Vorwürfe und sorgte für großen Leidensdruck.

Einige Jahre später, nach ein paar tieferen Erkenntnissen, versöhnte ich meinen „inneren Schweinehund", mein Unterbewusstsein, Ort meiner Wünsche und Sehnsüchte, mit meinem inneren Kritiker und meinem Erwachsenen-Ich.

Danach hatte sich der „innere Schweinehund" in Wohlgefallen aufgelöst - und seither arbeiten Körper-Seele-Geist partnerschaftlich und umsichtig zusammen.

* * *

Folgende Leitsätze führen zu ersten positiven Änderungen:

- Ich danke meinen Eltern für all das,
  was sie mich gelehrt haben,
- Ich entwickle mich positiv,
- Ich übernehme ab sofort die volle Verantwortung
  für mein Leben,
- Ich entscheide ab jetzt, was für mich gut und richtig ist,
- Ich habe Stärken und Schwächen,
- Ich lasse auch mal Fünfe gerade sein,
- Ich gehe umsichtig und feinfühlig mit mir um,

- Ich bin offen für Neues,
- Ich nehme Rücksicht auf das (Kind)heits-Ich in mir,
- Ich ändere langsam und nachhaltig meinen Lebensstil,
- Ich führe mich mit neuem Bewusstsein
  zu meiner Wunschfigur,
- Ich fühle mich im Einklang mit meinem Fühlen, Denken und Handeln,
- Ich bin ich – und das ist gut so!

„Erfahrung" ist immer schlechte Erfahrung.
„Gewissen" immer schlechtes Gewissen,
„Wahrheit" immer unangenehme Wahrheit.
Nur „Vorsätze" sind immer gute Vorsätze.

Hans Krailsheimer (1888-1958)
Deutscher Jurist und Schriftsteller

Max und Moritz lassen grüßen

In meiner Kindheit, nach dem Krieg 1945, hätte ich gerne manchmal mehr gegessen, aber die Töpfe waren häufig leer. Die Milchsuppe war „alle", auch der Grießbrei zu Ende. So kannte ich dieses nagende Defizit-Gefühl.

Später wurden die Zeiten etwas besser, und es lag sogar ein Stückchen Fleisch auf dem Teller. Bei vier Kindern und einem Ernährer hielt sich das allerdings in engen Grenzen. Und so aßen wir Kinder immer „um das Fleisch herum" und schoben den letzten Fleischbissen möglichst lange vor uns her.

Doch mit etwa 20 Jahren hatte ich mein großes Fleisch-Erlebnis.

Ich kannte meine Freundin schon etwas länger, und so wurde ich immer häufiger sonntags zum Essen eingeladen. Es gab Hähnchen mit Beilagen. Das erste „Böllchen" lag auf meinem Teller, und kurz darauf sagte die werdende Schwiegermutter: „Ein junger Mann kann doch wohl auch ein zweites vertragen, oder!?" Also hatte ich das zweite. Als das geschafft war, hieß es, dieses letzte Böllchen sollte auch noch weg, dann könnten alle Schüsseln schön gespült werden.

Ich war unsicher, eigentlich war ich doch satt. Das geht nicht, das kann ich nicht machen, ich werde mich schämen. Die beiden Frauen sahen mich ermunternd und erwartungsvoll an: Ich würde ihnen eine große Freude machen, wenn ich das auch noch nähme. – Also machte ich ihnen die Freude.

Als ich den Kampf mit dem dritten Bollen „gewonnen" hatte, war ich erledigt.

Ich setzte mich auf ein Sofa, und vor mir tauchten Bilder von Wilhelm Busch auf: Ich sah die Schelmen Max und Moritz, wie sie der Witwe Bolte von oben durch den Kamin mit einer Angelschnur ihre prallen Brathühner aus der Pfanne zogen. Anschließend lagen beide übersättigt und mit kugelrunden Bäuchen auf dem Rücken, und jedem ragte ein fleischiges Hühnerbein aus dem Mund heraus.

Bei mir wirkte diese starke Übersättigung positiv nach: Ab sofort hatte sich das „ewige" unterschwellige Fleisch-Defizit-Gefühl erledigt!

Ernährung, Erkenntnisse

Der Ernährungsbedarf bleibt ein Leben lang dynamisch, je nachdem, was ich mache,

- ob ich sitze, mich bewege, leicht arbeite,
  körperlich hart arbeite,
- ob ich Sport mache, intensiv Sport mache,
- ob ich viele Stunden am Computer sitze
  oder Fernsehen gucke.

Der Ernährungsbedarf im Alter verändert sich noch stärker: Die Muskeln schwinden, weniger Bewegung, es sinkt der Energieumsatz. Wir nehmen zu, obwohl wir nicht mehr essen als früher.

Es hört nie auf, Essen und Trinken mit Blick auf unser Verhalten zu korrigieren. Doch wenn man einmal weiß, wie es geht, macht man das ohne großes Theater.

- Ich reguliere meine Ernährung umsichtig,
- Ich drehe an vielen kleinen Stellschrauben,
- Ich esse vielseitig,
- Ich weiß, gemeinsames Essen in der Familie
  tut allen gut,
- Ich versuche, abends vor 19.00 Uhr zu essen, denn zu später Stunde schaltet die Verdauung auf Nachtbetrieb, und ein halbvoller Magen könnte Sodbrennen verursachen und den Schlaf stören.

Familiensinn,
Erfolgreich
schlank werden,
Verantwortung

Familiensinn stärken, gemeinsam essen

- Ich setze mich für gemeinsame Mahlzeiten in meiner Familie ein,
- Ich weiß, es ist oft schwierig, wegen unterschiedlicher Schul- und Arbeitszeiten,
- Ich versuche, möglichst das Abendessen so oft wie möglich zu erreichen,
- Ich sorge für eine angenehme „Familien-Atmosphäre",
- Ich ermuntere die Kinder, beim Tischdecken ein wenig mitzuhelfen, damit sie das Gefühl haben, sie seien aktiv an der Esskultur beteiligt,
- Ich sehe, wie jeder auf seinem Stammplatz sitzt und wir das Essen genießen,
- Ich achte auf unsere körperliche und seelische Gesundheit,
- Ich höre uns miteinander reden, planen und hin und wieder lachen,
- Ich spüre, der gemeinsame Treffpunkt in vertrauter Runde tut der Familie gut,
- Wir sagen nach dem Abräumen Tschüss, und alle gehen ihren Aufgaben nach,

Frohsinn und Heiterkeit
würzen jede Mahlzeit.
———————

Sprichwort
WAZ 226/2017

Frühstück zu Hause?

- Ich habe neue Erkenntnisse!
- Ich lege ab sofort Wert auf ein Frühstück zu Hause,
- Ich gehe abends eine halbe Stunde früher schlafen,
- Ich stehe morgens eine halbe Stunde früher auf,
- Ich esse Frühstück zu Hause!
- Ich gehe damit entspannter in den Tag hinein,
- Ich genieße die neue morgendliche Atmosphäre,
- Ich genieße auch die entspannte Fahrt zur Arbeit,
- Ich stabilisiere nach und nach mein neues Verhalten,
- Ich bin für mich selbst verantwortlich,
- Ich mache das ruhige Frühstück zu meinem
  „Start in den Tag"!
- Ich gehe freudig diesen neuen Weg – Danke!

Die Schlacht am kalten Büfett?

Manchmal gehen die Gäste geordnet, einer hinter dem anderen am Büfett entlang, und wählen die Speisen. Ein anderes Mal aber geht alles kreuz und quer, die vielen Arme greifen übereinander.

Bei einer Feier in privaten Räumen war der Platz für das Büfett knapp, und die langen Arme griffen mir zu energisch von links und rechts über meinen Teller. So nahm ich mir da wo ich stand etwas Kartoffelsalat, eine Frikadelle und eine Gurke, und setzte mich auf meinen Platz. Ich ließ mir Zeit und genoss meine Kleinigkeit.

Als die meisten zurück waren und auch mein rechter Sitznachbar mit einem hochbeladenen Teller zurückkam, erhob ich mich, um mir in Ruhe etwas auszusuchen. „Oh!", sagte er mit seiner kräftigen männlichen Stimme. „Der geht schon zum zweiten Mal." Ich lächelte gequält und ging.

Die appetitlichen Rehmedaillons, die ich vorher so schön geordnet auf einer Silberplatte gesehen hatte, waren leider weg. Schade, davon hätte ich gerne eines probiert. Aber, was soll's!? Es waren ja noch viele schöne Sachen da.

Ich legte mir ein paar Teile auf und gesellte mich wieder zu den anderen.

Als mein rechter Nebenmann mit seinem zweiten gut gefüllten Teller zurückkam, erhob ich mich, um zu schauen, ob mich noch etwas reizen könnte. „Oh!", sagte mein Nachbar überrascht, und seine Stimme war immer noch laut und kräftig. „Der geht schon zum dritten Mal. Mann, wo lässt du das!?"

Das Büfett war nun ziemlich geplündert. So nahm ich mir auch wieder nur ein klein wenig Kartoffelsalat, eine Gurke und eine Frikadelle – und Schluss!

Mein lieber Herr Nachbar, wenn du wüsstest!? Deine erste reichliche Portion war größer, als meine drei zusammen. Aber das behalte ich für mich.

Mein Dilemma bei der Sache war, dass ich keine Erklärungen abgeben mochte, und deshalb seine flüchtigen Beobachtungen und lauten Äußerungen vor all den anderen Ohren, auszuhalten hatte.

Schlank werden und schlank bleiben ist nicht so einfach.

Kurze Wiederholung

Jede Verhaltensänderung, jeder persönliche Veränderungsprozess ist langwierig und verlangt Ausdauer und Geduld, egal, ob beim Essen, Rauchen oder Trinken – oder sonst etwas. Rückschläge gibt es immer wieder, aber was soll's, wir atmen durch und machen weiter: Der Weg ist das Ziel!

* * *

- Ich esse alles, was schmeckt,
- Ich achte auf die Mengen,
- Ich habe Ausdauer und Geduld,
- Ich weiß, das Unterbewusstsein steuert Bedürfnisse und Gewohnheiten,
- Ich verändere meine Essgewohnheiten,
- Ich ändere meinen Lebensstil, weil ich dauerhaft abnehmen möchte,
- Ich setze mir kleine Ziele,
- Ich esse bewusster,
- Ich esse langsamer,
- Ich motiviere mich durch meine inneren Impulse,
- Ich lerne aus eigenen und fremden Erfahrungen, durch Offensein für alle Lösungen, zum Beispiel: *Iss dreiviertel*, statt F.d.H. („Friss die Hälfte"),
- Ich entwickle ein Gespür für mein positives Verhalten

Abnehmen allgemein

- Ich nehme meine Figur zur Kenntnis – so wie sie ist,
- Ich spüre in mich hinein, wie ich darüber fühle und denke,
- Ich allein entscheide, ob ich meine Figur so lassen will oder nicht,
- Ich möchte langfristig abnehmen,
- Ich mache es mit Fühlen, Denken und Handeln,
- Ich genieße mein Essen,
- Ich esse langsam und bewusst,
- Ich gebe dem Sättigungsgefühl immer wieder eine Chance,
- Ich weiß, es ist der Geist, der sich den Körper baut,
- Ich orientiere mich neu,
- Ich erarbeite mir langsam mein Wunschgewicht,
- Ich ändere nach und nach mein Essverhalten,
- Ich weiß, Salzstangen, Chips und Bier beim Fernsehen, gilt als „Essen",
- Ich gehe meinen positiven Weg – gut für Körper-Seele-Geist,
- Ich gehe diesen Weg entspannt und geduldig,
- Ich weiß, der Weg ist das Ziel!

Mit Freunden essen gehen

Wir waren drei jüngere Ehepaare. Unsere Kinder hatten wir bei den lieben Omas und Opas gelassen – und unsere Autos zu Hause.

Dieser Abend gehörte uns!

Einer aus der Gruppe drückte spontan seine Freude darüber aus, dass wir mal wieder so schön beisammen waren, und lud zu einem Aperitif ein. Der Abend lief gut in geselliger Runde – wir erzählten, lachten und hatten unseren Spaß.

Zu späterer Stunde verließen wir das Restaurant: Küsschen hier, Küsschen da, alles Gute – bis zum nächsten Mal!

Am Tag darauf überlegte ich, wie war das eigentlich mit den Kalorien bei den Getränken, unabhängig vom 3-Gänge-Menü?

eine Runde	1 Aperitif (2cl)	60 kcal
gegen den Durst	1 Bier (0,33)	150 kcal
zum hellen Fleisch	1 Weißwein (0,25)	180 kcal
zum gemütlichen Sitzen	1 Rotwein (0,25)	190 kcal
so jung kommen wir nie wieder zusammen	1 Kirschwasser (2cl)	60 kcal
Kellnerin: Noch ein Wunsch? Ja.	1 Kaffee komplett	60 kcal
	Summe:	**700 kcal**

So, so: 700 kcal, das entspricht einer 300 g-Tiefkühlpizza.

Na ja, das kommt ja nicht alle Tage vor! Und es war sehr schön!

Erfolgreich schlank werden

- Ich erarbeite mir eine neue innere Einstellung zum Essen und Trinken,
- Ich ändere mein Verhalten in kleinen Schritten,
- Ich fange sofort an,
- Ich mache viele kleine Schritte, ruhig und besonnen,
- Ich gehe mit innerer Sicherheit meinen Weg,
- Ich stelle mich auf einen langen Weg ein,
- Ich gehe diesen Weg ruhig und beharrlich, Tag für Tag,
- Ich genieße alle kleinen Erfolge auf meinem Weg,
- Ich drehe an vielen „Stellschrauben",
- Ich gönne mir von Zeit zu Zeit auch eine Leckerei, aber nur eine ganz kleine Menge,
- Ich sage innerlich Danke,
- Ich esse langsam und bewusst, möglichst in ruhiger Atmosphäre,
- Ich genieße mein Essen,
- Ich gebe immer wieder meinem Sättigungsgefühl eine Chance,
- Ich nehme im Urlaub vielleicht zu, oder bei anderer Gelegenheit,
- Ich nehme das zur Kenntnis und lasse auch mal Fünfe gerade sein,
- Ich gehe weiter auf meinem neuen Weg, ruhig und beharrlich,
- Ich weiß, der Verzicht auf Gewohntes ist immer schmerzlich,

- Ich denke ganzheitlich,
- Ich achte auf meine Wünsche und Bedürfnisse,
- Ich leiste mir von Zeit zu Zeit eine kleine Freude,
- Ich genieße zwei kleine Stücke Schokolade
  und sage innerlich Danke,
- Ich arbeite an meinem Essverhalten,
  an meiner „Esskultur",
- Ich weiß, die Hälfte meiner üblichen Portionen („F.d.H.") wäre
  zu gering, führt zum Scheitern,
- Ich stelle mich daher auf Dreiviertel meiner
  Essensmenge ein,
- Ich halte diese Menge etwa drei Monate bei
  und gewöhne mich daran,
- Ich vertraue meinen seelischen Kräften,
- Ich genieße weiterhin mein Essen,
- Ich esse langsam und bewusst,
- Ich esse und trinke „quer Beet" und genieße die Vielfalt,
- Ich achte auf die Mengen,
- Ich suche und finde für mich die richtige Bewegung,
- Ich bewege mich häufiger,
- Ich bin ich - und das ist gut so!

Geht es auch ohne Sport?

Ja, denn ich habe keinen Sport gemacht!

Unter Sport verstehe ich, wenn jemand zwei- bis dreimal in der Woche intensiv Sport treibt, mindestens eine halbe Stunde, und dabei auch ins „Schnaufen" gerät. Und das Ganze Woche für Woche, Monat für Monat - über Jahre.

Nichts gegen Sport, das soll jeder machen, wie er will. Kann ich meinem Gewicht mit Sport „davonlaufen"? Abnehmen mit Sport geht natürlich schneller, und da darf und „muss" man sogar mehr essen und trinken, aber auch hierbei sollte es umsichtig und ganzheitlich geschehen. Nicht dass jemand glaubt: „Ich kann jetzt reinhauen. Ich habe ja Sport gemacht."

Wie habe *ich* mich denn in all den Jahren bewegt?

Ich habe mein Auto 150 Meter weit vom Hauptpförtner geparkt, habe zwei bis drei Mal am Tag die Treppe benutzt, bei Gängen zu anderen Abteilungen, habe mich drei Mal in zehn Jahren mit Kollegen am Samstag zu einem Lauf auf einem Sportplatz getroffen.

Außerdem bin ich mit zwei Freunden im Laufe der Jahre drei Mal durch den Schwarzwald gewandert, jeweils fünf Tage. - Einmal mit ihnen im Sauerland die Ruhr entlang, von der Quelle in Winterberg über Arnsberg nach Menden.

Auch waren mein Bruder und ich mit unseren Frauen ein Mal im Sommerurlaub vierzehn Tage auf großer Schwarzwaldwanderung, auf dem Westweg, von Pforzheim zum Titisee nach Lenzkirch, etwa 200 Kilometer.

Die Tagesrucksäcke der Frauen wogen siebeneinhalb Kilogramm, die Tourenrucksäcke der Männer zwölfeinhalb. Die kürzeste Strecke, 11 km, von Forbach im Murgtal zur Badener Höhe (von 303 m Meereshöhe auf 1004) bei schwülem Wetter durch Wald, fiel uns ähnlich schwer wie die längste, 34 km, von der Alexanderschanze über Wolfacher Hütte nach Hausach ins Kinzigtal.

Zwei Jahre später wanderten wir 14 Tage durch den Bayerischen Wald, von Weiden in der Oberpfalz nach Waidhaus, und dann nach Süden entlang der Grenze, über die Berge Arber und Rachel durch den Nationalpark nach Freyung, ebenfalls ungefähr 200 Kilometer.

Dazu kamen im „normalen" Jahresurlaub die Tagestouren zwischen 15 und 25 Kilometer.

Seit dem 17. Lebensjahr habe ich zusammen mit meinem Bruder bei Bedarf Zimmer tapeziert, zuerst bei den Eltern und später mit der Ehefrau im eigenen Haushalt: Hin und wieder die Zimmerdecke abspachteln, dann abwaschen, eventuell grundieren, zwei Mal streichen, die Wände tapezieren, vielleicht neuen Teppichboden auslegen - und das für Küche, Diele, Bad, Schlafzimmer, Wohnzimmer.

Im Sommer habe ich Rasen geschnitten, im Herbst Büsche - und Laub entsorgt. Im Winter bei Bedarf Schnee geschaufelt und all diesen anderen „Kleinkram", den „man" das ganze Jahr über so zu machen hat. – Doch ist das Sport?

Mir hat es allerdings gelangt.

Alle sagten: Das geht nicht.
Dann kam einer, der wusste das nicht,
und hat's gemacht.

―――――――

Unbekannt
WAZ 34/2004

Krimi mit „Chips-Tüte"?
Leitsätze zur inneren Entwicklung

Wen es betrifft:
- Ich mache nach Feierabend häufig „meine Beine lang" und schaue Fernsehen,
- Ich lasse mich unterhalten mit Krimis und spannenden Abenteuerfilmen,
- Ich verwöhne mich dabei mit unterschiedlichen Knabbereien und Getränken,
- Ich wollte abnehmen und habe schon ein paar Mal versucht, nur Mineralwasser zu trinken,
- Ich habe mir auch ein paar Mal nach dem Abendessen die Zähne geputzt, um all den Leckereien zu widerstehen,
- Ich wurde aber bei diesen Versuchen nach spätestens zwei Stunden immer kribbeliger und nervöser,
- Ich bekam sogar Hitzewellen und musste mir Luft machen!
- Ich habe innerlich geschrien nach meiner ‚Chips-Tüte'!
- Ich hielt den Leidensdruck nicht mehr aus,
- Ich stand auf, holte mir eine bunte Chips-Tüte, und „mein inneres Baby saugte wieder entspannt und lustvoll an seinem ‚Milchfläschchen'!"
- Ich fühle, es fällt mir sehr schwer mein gewohntes Verhalten zu ändern,
- Ich spüre Enttäuschung und Resignation,
- Ich akzeptiere diese schmerzlichen Gefühle,
- Ich gehe morgen erneut auf meinen Weg,

- Ich habe neue Erkenntnisse!
- Ich erkenne, dass mein Verhalten mit den Naschereien eine „Katastrophe" ist,
- Ich nehme mit den leckeren, unterschiedlichen Knabbereien, *dem Essen nach dem Abendessen,* viel zu viel Energie auf – mit Fett und Zucker,
- Ich beginne den nächsten Versuch, mein Verhalten zu ändern,
- Ich bin dieses Mal vorsichtiger, ich mache kleine Schritte,
- Ich breche keine mächtige Stütze meiner Befriedigung einfach weg,
- Ich teile mir Portionen ein und gewöhne mich an kleinere Mengen,
- Ich lasse mir Zeit für meine innere Umstellung,
- Ich stabilisiere nach und nach mein neues Verhalten,
- Ich bin für mich selbst verantwortlich,
- Ich gehe geduldig diesen neuen Weg – Danke!

Hinweis: Die Chips-Tüte steht stellvertretend für gesalzene Erdnüsse, Salzstangen, Käsegebäck, Bonbons, Schokolade, Wurstbrote, Cola, Bier, Wein und vieles mehr.

Übrigens: 100 Gramm Erdnüsse, bei der spannenden Lösung eines Kriminalfalles unbewusst in den Mund gesteckt, liefern 630 Kalorien (2638 J).

Wer sich nicht selbst helfen will, dem kann niemand helfen.

Heinrich Pestalozzi (1746 – 1827)
Schweizer Pädagoge
WAZ 69/2003

Ich übernehme Verantwortung

- Ich übernehme ab sofort die Verantwortung für mein Essen: für die Art der Speisen, die Mengen und mein Essverhalten,
- Ich orientiere mich neu, mit meinem heutigen Wissen,
- Ich folge meinen neuen Erkenntnissen,
- Ich fühle mich wach und flexibel auf meinem Weg,
- Ich esse bewusst langsamer,
- Ich lege Messer und Gabel immer mal wieder aus der Hand und genieße mein Essen,
- Ich esse jetzt häufiger Obst und Gemüse,
- Ich verkleinere nach und nach meine gewohnten Portionsgrößen auf dem Teller,
- Ich frühstücke morgens zu Hause,
- Ich genieße ab und zu ganz bewusst eine Leckerei,
- Ich bleibe tolerant, zu mir und anderen,
- Ich klage niemand an, weder
  - die Lebensmittelindustrie,
  - noch die Werbung,
  - weder das Marketing,
  - noch die Verpackungsindustrie,
  - weder die Darbietung der Waren,
  - noch die Musik und Atmosphäre im Kaufhaus und Supermarkt,
  - auch nicht Wind und Wetter, Sonne und Regen,
- Ich übernehme die Verantwortung für mein Fühlen, Denken und Handeln,
- Ich atme tief durch. Danke!

Ein Bild unter der Dusche

Bei einem Freund mit einem sehr dicken Bauch, der mit 57 Jahren extrem abgenommen hatte, stand gut sichtbar das Brustbein wie ein stark gekrümmter Schuhanzieher nach vorne, weil er den hoch gewölbten Oberbauch spät, aber radikal reduzierte. Der Bauch war weg, doch der verformte knorpelige Knochen am unteren Brustkorb stand spitz hervor.

Und im Fernsehen zeigten sich ein paarmal Männer und Frauen, die extrem abgenommen hatten und deren überschüssige Haut am Bauch wie eine Schürze weit herunter hing. Alle diese Bilder schrien nach plastischer Operation.

- Ich mache das anders,
- Ich beginne jetzt mit dem Abnehmen, damit die Haut sich auch noch zurückbilden kann.

Schnelle Hilfe, Seniorenteller, Veranlagung, Wettessen

Schnelle Hilfe: Hungerspitze brechen

Feierabend! Ich kam nach Hause, und manchmal noch mit der Aktentasche in der Hand ging ich direkt in die Küche und holte mir etwas zum Naschen. Egal, ob ein Stück vom Apfel oder eine Tomate oder Banane, oder sogar etwas Süßes. Während ich Jacke und Schuhe auszog und mich ein wenig frisch machte, nahm ich zwischendurch immer mal einen Bissen oder einen Schluck Mineralwasser. Das beruhigte mich und nahm mir den „Heißhunger".

Die Mahlzeit begann ich dann wesentlich entspannter.

Meine Empfehlung: **„Brechen Sie die Hungerspitze."**

Soll ich oder soll ich nicht?

Wir saßen beim Abendbrot, und ich war etwas unentschlossen. Soll ich noch eine halbe Brotschnitte nehmen, oder nicht? Fast wollte ich schon wieder zugreifen, da wurde mir klar: Ich kann doch jederzeit an den Kühlschrank gehen und mir irgendetwas holen – selbst nach 22.00 Uhr. Also Schluss mit dem Essen!

Kurz vor dem Schlafengehen fiel mir ein, ich hatte an dem Abend nicht mehr ans Essen gedacht. Das langsam wirkende Sättigungsgefühl hatte also seine Wirkung getan.

Erkenntnis: **Gib dem Sättigungsgefühl immer wieder eine Chance!**

Selbstversuch mit zwei Rucksäcken

Auf unserer großen Wanderung durch den Schwarzwald machte ich auf der Strecke von der Alexanderschanze ins Kinzigtal einen Versuch mit zwei Rucksäcken. - Wie würde ich das Zusatzgewicht empfinden?

Mein Bruder schnallte mir seinen 12,5 kg-Rucksack vor die Brust. Ich trug jetzt 25 Kilogramm und fühlte mich rundherum mächtig eingepackt, gleichzeitig merkte ich, wie meine Füße fester auftraten. Was für eine schwere Last!

Mit einem solchen Gewicht zu gehen, empfand ich als sehr anstrengend und beschwerlich. Gleichzeitig musste ich an die römischen Legionäre denken, die auf ihren Märschen durch die Wälder mit der Kriegsausrüstung noch viel mehr geschleppt haben.

Mein Bruder genoss seine Freiheit, doch nach etwa 200 Metern war Schluss. Zwar zog mein eigener Rucksack jetzt nach hinten, doch insgesamt fühlte ich mich angenehm befreit und genoss die nächsten Meter.

Dann streifte ich für diesen Versuch auch meinen Rucksack ab, und ich ging plötzlich so leicht und gelöst davon, wie von wunderbarer Energie getragen: Herrlich!

Wir Vier überlegten, wie sich das wohl beim Abnehmen auswirken würde. Was fühlen Menschen, die von 100 kg auf 75 kg genau so viel Gewicht verlieren? Spüren sie auch diese große Erleichterung oder sehr viel weniger, weil sie langsam abnehmen und das Gewicht von Kopf bis Fuß am Körper verteilt ist? – Andererseits: Die Füße mit ihren Gelenken müssen ja alles tragen!

Wie dem auch sei: An der Wolfacher Hütte machten wir nach 22 Kilometern erst einmal eine schöne lange Mittagspause, mit der geduldig auf dem Rücken getragenen Verpflegung.

So wenig essen wie Du, könnt' ich nicht!

Eine gute Freundin unseres Hauses war zu Besuch und wir unterhielten uns über dieses und jenes, später auch über essen. Als ich erzählte, *was* und *wieviel* ich normalerweise zum Frühstück und zu den anderen Zeiten esse, sagte sie spontan: „So wenig essen wie du, könnt' ich nicht! Da würde ich hungern."

Ebenso spontan antwortete ich: „Im Laufe der Zeit habe ich mich so ‚eingestellt' und daran gewöhnt, dass es für mich völlig normal ist. Ich hungere nicht, ich fühle mich wohl, und es ist anscheinend auch die richtige Menge, denn ich nehme weder zu noch ab."

Dieses „Einstellen" war ein Prozess über etwa fünf Jahre.

Im Alter

Im Alter bauen die Muskeln ab, Arme und Beine werden dünner, der Bauch aber dicker. Das gleicht sich zunächst aus – das Gewicht bleibt, wie es ist.

Dann aber nimmt das Gewicht leicht zu, obwohl gegessen und gelebt wird „wie immer". Grund: Der Körper braucht weniger Energie.

Wer Hosengürtel trägt merkt es daran, dass die Gürtelschnalle „wieder einmal" weiter gestellt wird. Das bedeutet, ich muss mich leider wieder entscheiden, entweder mehr bewegen oder am Essen und Trinken (Bier, Wein usw.) etwas drosseln.

Seniorenteller?
Altersgerecht essen

Es ist so weit: Ich brauche den Seniorenteller!

Wir waren im Sommer mit drei Leuten ein paar Tage an der Nordsee und bald danach eine Woche im Odenwald - wir Drei, ganz nah' vor 80.

Wir freuten uns im Restaurant auf das Essen, aber leider mussten wir häufig einiges auf dem Teller zurück lassen - es war einfach zu viel. Da wir in jungen Jahren durch magere Nachkriegszeiten geprägt waren, „alles" vom Teller aufzuessen und Lebensmittel nicht wegzuwerfen, bemühten wir uns redlich - aber es ging nicht!

So war es uns jeweils sehr unangenehm, wenn die freundliche Bedienung das Geschirr mit den Resten abräumte. Und plötzlich wurde uns klar: „So darf es nicht weitergehen! Wir brauchen ab sofort den Seniorenteller!"

Uns wurde bewusst, dass die Köche Standard-Portionen auffüllen, damit auch junge Leute von 20 und 30 Jahren satt werden, denn die sind ja noch ganz anders aktiv.

Auf unsere Frage nach kleineren Portionen in den verschiedenen Restaurants sagten die Männer und Frauen vom Service: „Ja, selbstverständlich können Sie den Seniorenteller haben. Kein Problem!"

Also ab sofort: *Für mich Seniorenteller!*

Übrigens: Auch das ist leichter gesagt als getan. Nach der Erkenntnis mit dem Seniorenteller bin ich trotzdem ein paar Mal reingefallen. Ich spürte großen Appetit und bestellte im Restaurant normal - und dann blieb wieder etwas zurück. Mir war das peinlich: Ich nahm mir vor, noch bewusster darauf zu achten.

Naschereien gegen „Winter-Depression"

Kennen Sie auch dieses Novembergefühl? Wenn es hineingeht in Nebel und dunkle Tage? Dieses Mal wollte ich auf der Hut sein und mich dagegen wappnen. Ich zog innerlich „die Bürgersteige hoch" und richtete mich häuslich ein.

Weihnachten schien dieses Jahr früher anzufangen und ewig zu dauern. Beim Einkaufen lachten mich schon früh bunte Nikoläuse und Weihnachtsmänner an. Auch Nürnberger Oblaten, Aachener Printen und viele glänzende Packungen mit leckeren Kokosflocken luden mich ein: *So schrecklich war diese Zeit doch gar nicht!*

Spätestens zu den 20.00 Uhr-Hauptnachrichten griff ich zum Nussknacker und startete mit Walnüssen und Haselnüssen. Oben drauf passten auch noch zwei Pralinen.

Ich besuchte meinen Bruder. Auch er hatte Wärmendes für die Seele: nämlich *Echtes Königsberger Marzipan!* Und gemeinsam genossen wir beide unseren Kultwestern „Spiel mir das Lied vom Tod", ritten mit den Helden um die Wette, und tranken mit ihnen Whisky gegen den schrecklichen Staub der Savanne. – So überstand ich ganz gut den Winter-Blues.

Sylvester bejubelten wir im vertrauten Kreis das neue Jahr. Die Tage wurden wieder heller. Geschafft! Doch die Waage zeigte 1,5 Kilogramm mehr. Das fiel weiter nicht auf und war auch nicht schlimm, denn ich hatte ja „Idealgewicht".

Leider erzählte ich davon, erntete aber nur abwertende Bemerkungen. Das ist doch bei deiner Figur kein Gewicht! Trotzdem bemühte ich mich, in den nächsten Wochen dieses „Mehr" wieder loszuwerden – was auch gelang. Ich hatte aber damit zu kämpfen. Erst Anfang April, drei Monate später, zeigte die Waage wieder „mein" Gewicht.

Selbstverständlich hätte ich bei dem leicht erhöhten Gewicht bleiben können. Ich brauchte ja nur den Hosengürtel um ein Loch zu verstellen. Aber der nächste Winter kommt bestimmt. Und brauchte ich nicht für die nächste Nasch-Saison wieder ein gutes Ausgangsgewicht?

Die neuen Weihnachtsmänner schienen schon wieder zu warten, denn die Tageszeitung signalisierte gerade den 24. April: Nur noch acht Monate bis Heiligabend!

Ordentliche Mittagspause
Fünf Beispiele

Kollege B
- ging pünktlich um 13.00 Uhr aus dem Großraumbüro in die Betriebskantine,
- kam nach gut 10 Minuten zurück,
- machte mit ein paar Handgriffen seinen Schreibtisch frei und legte sich auf der harten Fläche auf den Rücken,
- zwei Minuten vor Ende der Pause stand er auf, reckte und streckte sich – und begann die zweite Tageshälfte.

Kollege L
- begann pünktlich in seinem Büro die Mittagspause,
- verließ etwa 10 Minuten später den Raum und ging bei jedem Wetter, allein oder zu zweit, mit schnellen Schritten zum Sauerstofftanken um den großen „Häuserblock",
- zwei Minuten vor Ende der Pause war er zurück in seinem Büro und öffnete weit die Fenster,
- drei Minuten nach Ende der Pause griff er entschlossen zum Telefon und begann erneut seine Tätigkeit,
- es war vielen bekannt, dass dieser Manager direkt nach der Pause dynamisch in die zweite Tageshälfte startete.

Kollege G
- griff um 13.00 Uhr in seinem Büro nach seiner Aktentasche und legte ein rot-weiß-kariertes Küchentuch vor sich auf den Schreibtisch,

- packte mitgebrachte Tupperbehälter mit belegten Broten aus, sowie Gurken, Tomaten oder Apfel,
- dazu kam die Thermoskanne mit schwarzem Tee,
- die Tageszeitung legte er links daneben,
- und eine wohltuende Ruhe umgab diese Mittagspause,
- zum Ende der Pause packte er alles weg und begann geistig erfrischt die zweite Hälfte.

Und dann gab es eine Störung!

Ein neuer Kollege hatte in einer anderen Fachabteilung angefangen. Dieser tauchte beim Start der Pause bei G auf. G als freundlicher Mensch, beantwortete ausführlich die Fragen des Neuen. Kurz vor Ende der Pause wurde G sehr unruhig, denn er hatte nur zu Beginn zwei Mal in sein Brot gebissen. Der Neue ging, und G aß gehetzt und mit schlechtem Gewissen seine Brote. Wie stünde er da, wenn jetzt jemand an seine Tür klopfte, und er bei nicht gezogener Personalkarte im Zeit-Erfassungsgerät, seine Mittagspause „verlängerte"!

Am nächsten Tag war der Neue (N) wieder da! Es lief alles wie am Vortag.

Am dritten Tag tauchte N erneut auf. – *„Aller guten Dinge sind drei!"* – G hatte es befürchtet und sich für den Fall etwas vorgenommen. Er sagte: „Herr N, ich merke, Sie kommen gar nicht wegen drängender fachlicher Fragen, sondern das ist Ihre Art der Mittagspause. Meine stille Art der Pause ist mir sehr wichtig, und daher bitte ich Sie, nur dann zu kommen, wenn Probleme anstehen, die keinen Aufschub dulden."

Herr N hatte volles Verständnis dafür und ging.

Kollege G hatte seine harmonische Mittagspause wieder!

Kleines Team

Drei bis vier Kollegen trafen sich um 13.00 Uhr und gingen bei jedem Wetter über die „Renne" in die Stadt – „auf einen guten Kaffee".

Sie waren kurz vor Ende der Pause zurück, der eine oder andere aß noch schnell ein „Bütterken", und dann begann die zweite Hälfte.

Kollege K

- ging um 13.00 Uhr aus dem Büro zu seinem Auto,
- fuhr zügig vier Kilometer nach Hause zu Frau und Kind,
- 10 Min. hin, 15 Min. essen, 10 Min. zurück,
- steckte seine Personalkarte in das Zeit-Erfassungsgerät, und begann die zweite Hälfte.

Erkenntnis: Jeder genießt und entspannt anders.

Was dem einen sin Uhl,
ist dem andern sin Nachtigall.

————

Sprichwort

Veranlagung zum Dickwerden?

Vererbung, Gene? Mutter dick, Vater dick? Womöglich auch schon die Großmutter?

Veranlagung zum Dickwerden ist *eine* Sache! Das ist aber noch lange kein Grund, beim Essen auch noch „reinzuhauen". *Wieviel* ich esse, *was* ich esse, und *wie* ich esse, bestimme immer noch ich!

Wenn ich nicht aufpasse und viel esse, werde ich schneller dick. Wenn ich weniger esse, langsamer – und wenn ich kontrolliert esse, halte ich vielleicht mein Gewicht, oder nehme sogar „vorsichtig" ab.

Wenn mir das „vorsichtig" aber zu langsam geht, dann kann ich die Sachen ja „hinschmeißen". Ich habe dann eben schlechte Gene – und fertig!

Auch Mikroben im Darm reden mit?

Vor kurzem las ich, auch die Mikroben im Darm bestimmen mit, ob uns das Abnehmen leicht fällt oder schwer.

Da meine ich, bestimmen noch ganz andere mit: Sommer und Winter, Regen und Schnee, Freunde und Umfeld, der Leistungsdruck auf der Arbeit – und der allgemeine Lebenskampf. Und besonders: *die liebe Gewohnheit!*

Doch ich vermisse in vielen Aufsätzen und Beiträgen die **Psyche!** Lass doch die Mikroben, kümmre dich um deine Psyche und dein Verhalten!

- Abnehmen fällt schwer, besonders wenn es radikal angegangen wird,
- Abnehmen ist Einschränkung oder Entzug, wie beim Rauchen und Alkohol,
- Abnehmen erfordert Umdenken, innere Entwicklung – und die braucht Zeit!

Wettessen
Müssten sich die Menschen nicht schämen?

44-jähriger Tscheche
verspeiste 136 Knödel

*Sieger beim traditionellen
Knödelessen im ostmährischen
Vizovice wurde der 44-jährige
Frantisek Vecera. Er verspeiste
in einer Stunde 136 Pflaumenknödel.
Der Landesrekord liegt sogar bei
155 Knödeln.*

—————

WAZ 207/1996

Weltmeister verspeist
25 Eier in 30 Minuten

*Die inoffizielle Weltmeisterschaft
im Eieressen hat ein 38-jähriger Niederländer
in seiner Heimatstadt Groningen gewonnen:
Er verspeiste 25 Eier in 30 Minuten.
Als WM-Trophäe erhielt er ein goldenes Ei.*

—————

WAZ 89/2001

Frau verschlingt
in 12 Minuten 38 Hummer

Sonya Thomas aus dem US-Staat Virginia hat die „Weltmeisterschaft im Hummeressen" gewonnen. Die Frau, die nur 50 Kilo wiegt, verschlang in Kennebunk (US-Staat Maine) in 12 Minuten 38 Hummer mit einem Gesamtgewicht von 4,4 Kilo Hummerfleisch. Die Siegprämie: 500 Dollar. dpa

WAZ 196/2004

62 Hotdogs
in zehn Minuten

New York. *Das jährliche Würstchen-Wettessen in New York hat Matt Stonie (23) gewonnen. Der schlanke Kalifornier verdrückte Samstag in zehn Minuten 62 Hotdogs. Acht Jahre lang hatte Joey Chestnut (31) das Wettessen gewonnen. Mit 69 Hotdogs hält er den Weltrekord. dpa*

WAZ 153/2015

Verhaltens-änderung, Übergewicht, Extremes Übergewicht

Mein Bauch braucht Hilfe

Verschiedene Nahrungsmittel führen zu blähenden Gasen, z.B. Zwiebeln, Rosenkohl, Blumenkohl, Lauch (Porree), Erbsen, Bohnen, Linsen.

Eine Mutter erzählte: „Unser 14-jähriger Sohn wünscht sich immer wieder zum Mittagessen Rosenkohl, Blumenkohl – und erneut Rosenkohl, Blumenkohl. Mein Mann und ich freuen uns: Der Junge isst Gemüse! Nun aber jammert er über einen drückenden Bauch und Blähungen."

Meinen Hinweis, die Kohlsorten als eine mögliche Ursache wegzulassen und Feldsalat oder Kopfsalat zu wählen, konnte die Mutter als Lösung nicht akzeptieren.

„Ach", sagte sie, „ich gehe in den nächsten Tagen mit ihm zum Arzt, der soll ihm was verschreiben."

Meine Erfahrung

Als ich während einer Phase meines Berufslebens viel in Gruppen arbeitete, wählte ich beim Essen in der Kantine bewusst „friedliches" Gemüse: Feldsalat, Kopfsalat und ähnliches. Damit bin ich mit meinem Bauch recht gut „gefahren".

Verstopfung

In einer kleinen Gesprächsrunde berichtete eine Frau von Anfang 60: „Ich nehme für die Verdauung seit vielen Jahren Abführmittel. Als mein Arzt das nicht mehr mitmachen wollte, suchte ich mir einen neuen."

Ich schlug vor, eine Änderung über Essen und Trinken langfristig anzugehen. Es müsste doch möglich sein, mit ballaststoffreichen Speisen und reichlich Wassertrinken über mehrere Wochen die Verdauung anders einzustellen. Auch könnte sie für den Versuch Kuchen, Schokolade und ähnliches reduzieren oder weglassen.

Ihre Antwort: „Ach, das habe ich doch längst schon alles versucht - und noch viel mehr! Das bringt nichts!"

Meine Erfahrung

Ich selbst hatte über die Jahre festgestellt, dass es einen großen Unterschied machte, *was* ich aß und *wieviel* Wasser ich trank.

In der Weihnachtszeit, zum Jahreswechsel oder zu besonderen Anlässen: Schokolade, Kekse und Kuchen. Oder Wasser trinken: viel oder wenig. Im Urlaub gut essen, auch größere Strecken wandern, dagegen sitzende Tätigkeit auf der Arbeit. - Alles hatte sich stärker oder schwächer auf die Verdauung ausgewirkt.

Übrigens: Ratschläge, auch „gutgemeinte", kann man sich schenken. Sie erreichen meist nicht den Empfänger, besonders wenn es heißt, die Psyche könnte dahinter stecken.

DGVS
Deutsche Gesellschaft für Gastroenterologie,
Verdauungs- und Stoffwechselkrankheiten e.V.
Berlin

Eine gelungene Verhaltensänderung

Ein Kollege erzählte: „Ich bin in jüngeren Jahren sehr schlecht aus dem Bett gekommen, habe hastig gefrühstückt, halb im Stehen, und bin dann gehetzt mit fliegendem Mantel zur Straßenbahn gerannt. Die Tageszeitung habe ich unruhig im Büro „überflogen", und jedes Mal, wenn der Chef vorbeiging ein schlechtes Gewissen gehabt, und mich sehr unwohl gefühlt.

Eines Tages hatte mir dieser Zustand so zugesetzt, dass ich eine radikale Änderung herbeiführte. Ab sofort stand ich um sechs Uhr auf, frühstückte in Ruhe, las die Zeitung, machte mich im Bad fertig, ging mit dem Hund eine Runde, danach zur Toilette, und fuhr ruhig zur Arbeit.

Es war für mich ein ganz anderer Start in den Tag! Auch auf meine Arbeit wirkte sich das wohltuend aus. Ich hatte den Kopf frei, und war sofort im Einklang mit meinem Tun. - Ich war ruhiger und kreativer.

Was die Toilette betrifft, hatte mich auch der Toilettengang auf der Arbeit gestört, der manchmal zur unpassenden Zeit drängte. So habe ich das auch nach und nach geändert. Ich ließ mir morgens Zeit, und nach einigen Wochen hatte ich, geduldig dem natürlichen Drang folgend, meine Verdauung so eingestellt, dass ich zu Hause zur Toilette gehen konnte und den ganzen Tag über mit dem ‚großen Gang' nichts mehr zu tun hatte. Auch das empfand ich sehr befreiend."

Ess-Störungen
Magersucht, Bulimie, Binge-Eating-Störung

Magersucht (Anorexia nervosa):
extremes Gewichtabnehmen,

Bulimie:
Ess-Brech-Sucht,

Binge-Eating-Störung:
Heißhungeranfälle.

Dahinter verbergen sich ungeklärte Gefühle, mit falschem Denken und Handeln, empfundene Ausweglosigkeit, seelische Nöte, entstanden und entwickelt in Familie und gesamtem Umfeld.

Ebenso Ängste und Unruhe vor der Zukunft, vor den täglichen Anforderungen. Auch ein hohes Idealbild und ein negatives Selbstbild führen zu großem Leidensdruck.

Weitere Ursachen: geringes Selbstwertgefühl, starke Minderwertigkeitsgefühle, zum Teil zwanghaftes Kontrollieren, zum Teil aggressives Verhalten nach innen gegen den sogenannten „inneren Schweinehund".

Um aus dieser Ansammlung gequälter Gefühle und fester Handlungsmuster herauszufinden, zu einem befreiten positiven Leben, empfehle ich ambulant die „Klientenzentrierte Gesprächspsychotherapie" des amerikanischen Psychologen Carl R. Rogers, und zwar:

- erste Sitzung mit der „Betroffenen",
- zweite Sitzung mit der Mutter,
- dritte Sitzung mit dem Vater,
- vierte Sitzung, alle drei, die Familie,

danach wird weiter entschieden. Die Sitzungen dauern etwa fünfzig Minuten.

Mit dieser partnerzentrierten Gesprächsführung wird gemeinsam eine Brücke gebaut, über die alle Beteiligten gehen können, befähigt zu aktivem Handeln, zu realistischen Nah- und Fernzielen.

Erkenntnis:
Ist das **Kernproblem** gelöst, lösen sich die Teilprobleme mehr oder weniger von allein!

Übergewicht

- Ich weiß, ich habe ein viel zu hohes Gewicht!
- Ich fühle mich schon längere Zeit nicht mehr wohl,
- Ich habe mich schon des Öfteren sehr geschämt,
- Ich habe schon Vieles versucht, aber nichts hat geholfen,
- Ich möchte mich endlich von all dieser Last befreien,
- Ich bin offen für neue Erkenntnisse,
- Ich übernehme ab sofort die volle Verantwortung für mein Leben,
- Ich entwickle meinen eigenen Weg beim Abnehmen,
- Ich achte bewusst auf mein Fühlen, Denken und Handeln,
- Ich weiß, dass ich mit häufigem Essen und Naschen auch Frust, Ärger und Probleme besänftige,
- Ich ändere nach und nach meinen Lebensstil,
- Ich beginne ab sofort mit dem Abnehmen,
- Ich starte bewusst mit kleinen Maßnahmen, mit kleinen Schritten,
- Ich hüte mich vor ehrgeizigen Plänen, die ich ja doch nicht einhalten kann,
- Ich gehe meinen neuen Weg – **ruhig und ausdauernd!**
- Ich entscheide mich, ob ich es mit ein wenig Sport mache, oder ohne,
- Ich weiß, mit Sport kann es schneller gehen,
- Ich entscheide das zusammen mit meinem engen Umfeld,

- Ich nutze all mein Wissen und meine Erfahrungen für mein neues Denken,
- Ich fühle, wie es beginnt mir Freude zu machen,
- Ich genieße die kreativen Impulse, die aus meiner Mitte aufsteigen, mir Mut machen und mir die Richtung zeigen,
- Ich weiß, ich esse und nasche während des langen Tages eine beträchtliche Menge,
- Ich spüre, ich belohne mich mit Essen und Süßem, wenn etwas gut läuft,
- Ich mildere meinen Frust mit den gleichen Mitteln, wenn etwas schlecht läuft,
- Ich erkenne daran meine starke Abhängigkeit,
- Ich beginne ein neues Verhalten,
- Ich fühle aber auch, dass ich die Portionen nicht radikal verringern kann,
- Ich verliere sonst eine starke Stütze meiner Befriedigung,
- Ich weiß, dass das Verringern auf halbe Portionen (F.d.H.) den meisten zu schwer fällt,
- Ich reduziere deshalb meine Portionen auf dreiviertel (3/4),
- Ich strecke diese neue Menge geschickt über den Tag,
- Ich verhalte mich 3-6 Monate so,
- Ich belohne mich bewusst zwischendurch mit kleinen Freuden,
- Ich spüre zur richtigen Zeit, wann ich mich an die neue Menge gewöhnt habe,
- Ich fühle mich stabil und stimmig,
- Ich habe die erste Hürde geschafft,
- Ich freue mich sehr über meinen Erfolg,

- Ich belohne mich mit einem schönen Geschenk,

* * *

- Ich starte mit der nächsten Hürde,
- Ich gehe jetzt auf 3/4 meiner aktuellen Menge,
- Ich handle so, wie beim ersten Mal,
- Ich strecke meine neue Menge geschickt über den Tag,
- Ich gehe diesen Weg wieder 3-6 Monate,
- Ich belohne mich bewusst zwischendurch mit einer kleinen Freude,
- Ich gehe meinen Weg Schritt für Schritt, Tag für Tag,
- Ich schaffe zur gegebenen Zeit auch diese Hürde,
- Ich habe damit meine ursprüngliche Essensmenge fast auf die Hälfte reduziert,
- Ich genieße meinen großen Erfolg,
- Ich belohne mich mit einer schönen Sache,

* * *

- Ich übernehme weiterhin die volle Verantwortung für mein Essverhalten,
- Ich achte auf meine Wünsche und Bedürfnisse,
- Ich lasse auch mal Fünfe gerade sein,
- Ich entscheide mein weiteres Vorgehen,
- Ich bestimme, *was* ich esse und *wieviel* ich esse, nicht meine Gene!
- Ich mache kein großes Geschrei um mein Abnehmen, ich tue es einfach,
- Ich brauche bei diesem maßvollen Abnehmen nur wenig neue Garderobe,

- Ich spüre die freudige Kraft in mir, meinen Weg weiterzugehen,
- Ich genieße meine Mahlzeiten, meine Speisen,
- Ich habe Stärken und Schwächen,
- Ich genieße meine Stärke, es so weit geschafft zu haben,
- Ich weiß, wie ich weiter vorgehen werde,
- Ich gehe ausdauernd Schritt für Schritt auf mein Wunschgewicht zu,
- Ich belohne mich von Zeit zu Zeit für meine Erfolge,
- Ich kenne meinen Weg – und ich gehe ihn,
- **Ich weiß, der Weg ist das Ziel!**

Extremes Übergewicht

(Hinweis: Mittelteil wie beim Übergewicht,
die ersten Sätze sind anders,
Schlussteil völlig anders)

- Ich bin viel zu dick, schon viel zu lange!
- Ich habe vieles versucht, sogar mit einem medizinischen Programm,
- Ich bin danach aber trotzdem wieder schwerer geworden,
- Ich schäme mich ständig, ich leide unablässig,
- Ich bin oft sehr deprimiert,
- Ich fühle mich leer und ausgegrenzt,
- Ich möchte mich endlich von all dieser Last befreien,
- Ich bin offen für neue Erkenntnisse,
- Ich übernehme ab sofort die volle Verantwortung für mein Leben,
- Ich entwickle meinen eigenen Weg beim Abnehmen,
- Ich achte bewusst auf mein Fühlen, Denken und Handeln,
- Ich weiß, dass ich mit häufigem Essen und Naschen auch Frust, Ärger und Probleme besänftige,
- Ich ändere nach und nach meinen Lebensstil,
- Ich beginne ab sofort mit dem Abnehmen,
- Ich starte bewusst mit kleinen Maßnahmen, mit kleinen Schritten,

- Ich hüte mich vor ehrgeizigen Plänen, die ich ja doch nicht einhalten kann,
- Ich gehe meinen neuen Weg – **ruhig und ausdauernd!**
- Ich entscheide mich, ob ich es mit ein wenig Sport mache, oder ohne,
- Ich weiß, mit Sport kann es schneller gehen,
- Ich entscheide das zusammen mit meinem engen Umfeld,
- Ich nutze all mein Wissen und meine Erfahrungen für mein neues Denken,
- Ich fühle, wie es beginnt, mir Freude zu machen,
- Ich genieße die kreativen Impulse, die aus meiner Mitte aufsteigen, mir Mut machen und mir die Richtung zeigen,
- Ich weiß, ich esse und nasche während des langen Tages eine beträchtliche Menge,
- Ich spüre, ich belohne mich mit Essen und Süßem, wenn etwas gut läuft,
- Ich mildere meinen Frust mit den gleichen Mitteln, wenn etwas schlecht läuft,
- Ich erkenne daran meine starke Abhängigkeit,
- Ich beginne ein neues Verhalten,
- Ich fühle aber auch, dass ich die Portionen nicht radikal verringern kann,
- Ich verliere sonst eine starke Stütze meiner Befriedigung,
- Ich weiß, dass das Verringern auf halbe Portionen (F.d.H.) den meisten zu schwer fällt,
- Ich reduziere deshalb meine Portionen auf dreiviertel (3/4),
- Ich strecke diese neue Menge geschickt über den Tag,
- Ich verhalte mich 3-6 Monate so,

- Ich belohne mich bewusst zwischendurch
  mit kleinen Freuden,
- Ich spüre zur richtigen Zeit, wann ich mich
  an die neue Menge gewöhnt habe,
- Ich fühle mich stabil und stimmig,
- Ich habe die erste Hürde geschafft,
- Ich freue mich sehr über meinen Erfolg,
- Ich belohne mich mit einem schönen Geschenk,

* * *

- Ich starte mit der nächsten Hürde,
- Ich gehe jetzt auf 3/4 meiner aktuellen Menge,
- Ich handle so, wie beim ersten Mal,
- Ich strecke meine neue Menge geschickt über den Tag,
- Ich gehe diesen Weg wieder 3-6 Monate,
- Ich belohne mich bewusst zwischendurch
  mit einer kleinen Freude,
- Ich gehe meinen Weg Schritt für Schritt, Tag für Tag,
- Ich schaffe zur gegebenen Zeit auch diese Hürde,
- Ich habe damit meine ursprüngliche Menge
  fast auf die Hälfte reduziert,
- Ich genieße meinen großen Erfolg,
- Ich belohne mich mit einer schönen Sache,

* * *

- Ich übernehme weiterhin die volle Verantwortung
  für mein Essverhalten,
- Ich achte auf meine Wünsche und Bedürfnisse,
- Ich lasse auch mal Fünfe gerade sein,

- Ich entscheide mein weiteres Vorgehen,
- Ich bestimme, *was* ich esse und *wieviel* ich esse, nicht meine Gene!
- Ich mache kein großes Geschrei um mein Abnehmen, ich tue es einfach,
- Ich brauche bei diesem maßvollen Abnehmen nur wenig neue Garderobe,
- Ich spüre die freudige Kraft in mir, meinen Weg weiterzugehen,
- Ich genieße meine Mahlzeiten, meine Speisen,
- Ich habe Stärken und Schwächen,
- Ich genieße meine Stärke, es so weit geschafft zu haben,
- Ich weiß, wie ich weiter vorgehen werde,
- Ich gehe ausdauernd Schritt für Schritt auf mein Wunschgewicht zu,
- Ich belohne mich von Zeit zu Zeit für meine Erfolge,
- Ich kenne meinen Weg – und ich gehe ihn,
- **Ich weiß, der Weg ist das Ziel!**

***

Sollte das alles nicht helfen, empfehle ich ambulant als begleitende Therapie die „Klientenzentrierte Gesprächspsychotherapie" nach Carl R. Rogers.

Das ist ein nicht-direktives Verfahren, bei dem nichts vorgegeben oder verlangt wird, sondern der Therapeut oder die Therapeutin begleitet den Klienten mit aktivem Suchen und Bemühen durch die Welt seiner Wünsche und Gefühle, zum Beispiel:

- ungeklärte Gefühle,
- empfundene Ausweglosigkeit,

- seelische Nöte,
- Ängste und Unruhe vor der Zukunft,
- vor den täglichen Anforderungen,
- negatives Selbstbild, das zu großem Leidensdruck führt,
- geringes Selbstwertgefühl, starke Minderwertigkeitsgefühle,
- gegen den sogenannten „inneren Schweinehund".

Und wer meint, er habe gar keine Therapie nötig, benutzt diese partnerzentrierte Gesprächsführung als nicht-direktive Beratung zur *Psychohygiene*, oder ganz allgemein: als Basis-Gespräche für Veränderungen. Dabei gewinnt der Klient in jeder Sitzung mehr und mehr Klarheit über seine Nah- und Fernziele, und gewinnt die Kraft, auf diese Ziele zugehen zu können.

In vielen Fällen genügen schon 5-7 Sitzungen die seelische Last wegzunehmen. Der Therapeut darf nicht „klammern" oder eine bestimmte Anzahl von Sitzungen vorgeben. Eine Sitzung dauert etwa fünfzig Minuten. Der Klient spürt, wann er sich stark genug fühlt, allein seinen Weg zu gehen, und beendet von sich aus die Sitzungen.

Ist das **Kernproblem** gelöst, lösen sich die Teilprobleme mehr oder weniger von allein!

Psychohygiene:
Reinigung der Seele,
- um sich neu zu orientieren,
- um den eigenen Weg zu finden,
- in Einklang gelangen mit Körper-Seele-Geist

Warum ich nicht abnehmen kann!
Mögliche Ausreden

- weil meine vielen Diäten bereits alles durcheinander gebracht haben,
- weil ich ein schlechter Futterverwerter bin,
- weil ich eine Unterfunktion der Schilddrüse habe,
- weil ich schon alles versucht habe – es ist ein Teufelskreis,
- weil ich schnell 20 Kilo runter hatte, dann aber noch schneller 30 drauf,
- weil ich niedrigen Blutdruck habe,
- weil mein Hormonsystem falsch spielt,
- weil schon meine Mutter und Großmutter mollig waren,
- weil das Vererbung ist,
- weil meine Gene so sind,
- weil meine Medikamente dagegen arbeiten,
- weil meine Schilddrüse verrücktspielt,
- weil die natürliche Kontrolle für mein „Sattgefühl" gestört ist,
- weil Adipositas eine chronische Stoffwechselerkrankung ist, (sagt die Weltgesundheitsorganisation laut dpa-Meldung – WAZ Nr. 222, 2016)

Der größte Betrug auf der Welt ist der Selbstbetrug!
Wir können die Wahrheit nicht vertragen,
und deshalb die Wirklichkeit nicht sehen.

———————

Dieter Packheiser

Warum ich nicht abnehmen werde!

- weil ich gerne und viel esse,
- weil ich häufig nasche,
- weil ich beim Fernsehen ständig in
  meine Chips-Tüte greife,
- weil ich mit Essen meinen Frust dämpfe,
- weil ich jeden Abend Bier trinke,
- weil ich häufig mehr als eine halbe
  Tafel Schokolade esse,
- weil das Wetter so mies ist,
- weil ich sonst nichts zu jammern hätte,
- weil liebe Gewohnheiten so schwer zu ändern sind,
- weil die Welt immer schlechter wird,
- weil alles so sinnlos ist,
- weil ich leben will,
- weil mein Freund mich pummelig mag,
- weil essen mir so rundum gut tut,
- weil essen mich beruhigt,
- weil ich mich nicht quälen will,
- weil ich keine Lust habe auf Knäckebrot und Quark,
- weil ich schon zunehme, wenn ich nur am
  Bäckerladen vorbeigehe,
- weil ich zu viel esse, aber es nicht wahrhaben will,
- weil, weil, weil ... *Ach lasst mich doch in Ruhe!*

* * *

Übrigens: Auch ich habe keine Lust auf Knäckebrot und Quark. Aber ganz selten drängt meine Frau mich: „Hier, probier' doch mal – Knäckebrot mit Quark und Marmelade, lecker!" Nun ja, dann „verdoppele" ich ihre Freude und probiere eine knackige Scheibe.

Institute, Gesellschaften

EU.L.E
Europäisches Institut für Lebensmittel- und Ernährungswissen-
schaften e.V., München
Udo Pollmer, Lebensmittelchemiker

DGE
Deutsche Gesellschaft für Ernährung e.V., Bonn
- hat für ein vollwertiges Essen zehn
  einfache Regeln formuliert,
- *..., dass vor allem Vielfalt und Maß halten die
  wichtigsten Regeln sind.* WAZ, 7.8.2015

BZgA
Bundeszentrale für gesundheitliche Aufklärung, Köln
- hat gemeinsam mit der Stiftung Männergesundheit die Bro-
  schüre „Übergewicht" herausgegeben.

Ausklang

Liebe Leserin, lieber Leser,

gerne bin ich mit Ihnen gemeinsam ein Stück des Weges gegangen. Für Ihr aufmerksames Zuhören bedanke ich mich herzlich. Ich wünsche Ihnen alles Gute und verabschiede mich mit einem kräftigen Händedruck.

Sie gehen jetzt erfolgreich **Ihren eigenen Königsweg**. Und ich sehe Sie zuversichtlich lächeln, weil Sie ja genau wissen:

Der Weg ist das Ziel!

Anmerkungen, Begriffe

Burnout:
- ausgebrannt; klingt, wie zu hart auf Dauer gearbeitet,
- lässt sich „flüssig" rüberbringen,
- „man" gehört zu den Guten, den Tüchtigen.

Depression:
- wirkt gesellschaftlich negativ,
- Person gilt als anfällig, nicht mehr durchsetzungsstark,
- nicht so recht verlässlich.

HÖRZU:
Programmzeitschrift, Großer Burstah 18-32,
20457 Hamburg.

Techniker Krankenkasse:
Bramfelder Straße 140, 22305 Hamburg.

WAZ:
Westdeutsche Allgemeine Zeitung, Friedrichstraße 34-38,
45128 Essen.

Literaturhinweise

Carl R. Rogers, Die nicht-direktive Beratung, Taschenbuch, Kindler, München, 1976

Carl R. Rogers, Die klientenzentrierte Gesprächspsychotherapie, Taschenbuch, 2. Auflage, Kindler, München, 1978

Ebenfalls vom Autor erschienen:

Ich denke positiv
978-3-7583-5971-2

Positives Fühlen-Denken-Handeln führt zu positiver Grundhaltung und Entwicklung, zu „Ganzheitlichem Bewusstsein" und angenehmer Ausstrahlung.

Sie beginnen mit den einfühlsamen Leitsätzen sofort mit positiven Veränderungen, finden zu sich selbst, zu Ihren inneren Kräften, lösen Alltagsprobleme, und entwickeln mit den aktiven Ich-Formulierungen Ihren eigenen Weg.

Wer profitiert davon?
- Menschen, die an ihrer Persönlichkeitsentwicklung arbeiten wollen,
- Menschen, die sich neue Ziele setzen, für einen neuen Lebensabschnitt,
- Abiturientenklassen und Erstsemester finden Abschnitte über Lernen, guten Start an der Uni, positive Anleitung für einen souveränen Vortrag.

Wie komme ich zum Erfolg?
- der einfühlsame Text führt zu einem selbstbestimmten Leben
- durch ganzheitliches, praxisorientiertes Vorgehen für Körper-Seele-Geist.